大展好書 好書大展

大展好書 好書大展

率領「美國佛教宏法中心」居士們拜訪洛杉磯的西來寺

1994年４月作者在台北宏法

心靈雅集

49

起心動念是佛法

劉欣如／著

大展出版社有限公司
DAH-JAAN PUBLISHING CO., LTD.

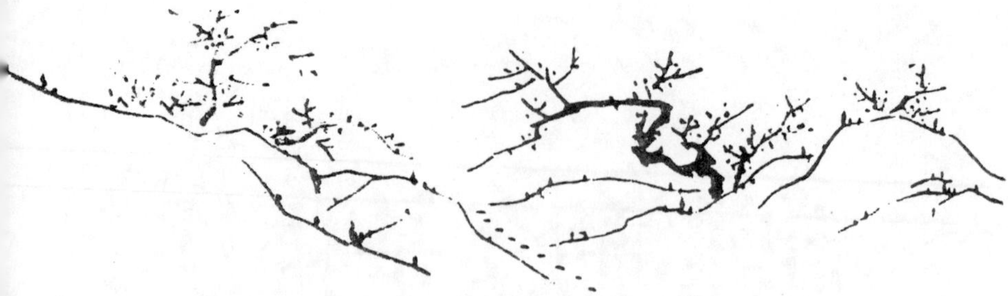

作者簡介：

劉欣如：一九三七年出生、新竹縣人。

曾任敎台灣大專院校講師及福嚴佛學院。現在旅居美國洛杉磯市，擔任美國佛教宏法中心總編輯。譯作有：『阿含經與現代生活』、『佛教說話文學全集』（一～十一集）、『業的思想』、『大智度論的故事』、『釋尊的譬喻與說話』、『唯識學入門』、『唐玄奘留學記』、『喬答摩佛陀傳』、『佛教的人生觀』、『現代生活與佛教』等，並有佛教散文發表於國內外佛學雜誌。

序(一)

我是個佛教徒，公務餘暇，愛看些佛書。可惜，許多佛書深奧難懂，不易體悟佛法的精髓，幸好，有些佛書比較深入淺出，非常生活化，讓人能解易懂，而旅美佛教作家劉欣如居士的暢銷作品也是其中之一。

劉居士作品的最大特色，除了淺顯踏實，還剖述自己的生活體驗，以及報章雜誌的情報資料，反映佛理不是談玄說妙和人云亦云的民俗信仰，而的確有他殊勝的地方，例如因果業報、緣起思想、無常無我等觀念，都能印證在人間，讓人明白佛法不離世間法，跟我們的日常生活是息息相關的，所以，若能用佛法來理解人世間的問題，應該會有比較深入及比較客觀的體悟；同樣地，若能依佛法行事，則起心動念間，一舉手一投足，都會循規蹈矩，符合社會的需要。

這些年來台灣經濟繁榮，建設成功，已是不爭的事實，但是，這不表示國人生活得很充實、很幸福。根據報載香港一家調查機構，到亞洲九個國家做過一次調查：「你快樂嗎？」結果，卻意外地發現最先進、最有錢的日本人，列為最不快樂，其次為台灣人，菲律賓人反而最快樂、最樂觀。由此看來，豐富的物質享受並不是人生最大和最終的目標，精神層次的提升與心靈空間的充實亦不可等閒，這項調查結果值得我們深思。

劉居士原籍新竹縣的客家人，目前僑居美國洛杉磯市，工作餘暇，熱心寫作弘法，已經出版的「佛教說話文學全集」、「佛法與神通」、「隨緣隨筆」等膾炙人口，如今正為大展出版社寫作一系列佛教生活化、趣味化和淺顯化的暢銷作品，希望接引初學佛的人。

同屬佛教徒，本著三寶弟子的信念，雖然公務繁忙，也非常願意寫幾句話作為最簡單的序文，並願意早日讀到劉居士的作品出版。

謹識

八十三年四月

序㈡

劉欣如先生，出生台灣省新竹縣，曾任小學教師及大學講師，業餘從事翻譯與寫作。一九八三年以來，旅居美國洛杉磯，與友人共創「美國佛教弘法中心」，餘暇致力於佛書的編譯，已出版有「唐玄奘留學記」、「現代人的佛教」、「佛教的人生觀」、「現代生活與佛教」、「喬答摩佛陀傳」、「『阿含經』與現代生活」、「怎樣活用佛陀的智慧」等書，皆為暢銷一時的優良讀物。此外，由佛光山出版社出版的「佛教說話文學全集」，更是廣受讀者的歡迎。

欣聞劉先生正著手將以往在「覺世旬刊」、「妙林」、「菩提樹」、「獅子吼」、「慈雲」、「南洋佛教」等雜誌發表過的精闢佛教散文，整理成冊，以為發行；他又埋首翻譯了大乘佛典導論，也即將出版。讀者們有福了。

此行來美，甫抵洛城，即應邀為劉先生作序。有感於在物質重於精神，功利主義盛行的美國社會裡，劉先生以一介佛教徒，不計名利，不為得失，以文字般若弘揚佛法不遺餘力，可感可佩，遂義不容辭，為化作序。

翻閱劉先生的作品，無論翻譯或著作，為文簡潔明暸，不加修飾，率性道來，令人感覺非常親切。從一系列佛教的生活智慧到佛教人生觀的發表文章，在在顯示劉先生悲天憫人、關懷社會的胸懷。『華嚴經』、『大般涅槃經』、『六度集經』、『大智度論』等大經大論的精華躍然於紙上。凡他引用之故事，篇篇精采，發人深省。不必說教，就能令人深深體會佛法的大意和修持的妙處。期盼劉先生的大作能早日出版，讓讀者們從中擷取累累的果實吧！

一九九二年九月

星雲　於西來寺

序㈢

一九八五年八月，我在洛杉磯法印寺，結緣一群善知識，劉欣如居士是其中之一。之後，我和他們登記籌組「美國佛教弘法中心」，會中推薦我擔任會長，直到現在。其間，劉居士負責文宣和編輯。雖然，他平日忙於旅館事業，每有餘暇，卻全力奉獻於弘法中心的寫作、出版，至今仍然不曾間斷。

「弘法中心」成立兩年後，劉居士首先出版「『阿含經』與現代生活」，內容淺顯易懂，極適合初學佛的人，結果，很快一版再版，但都屬結緣贈送，不收稿酬。之後，蒙台灣普獻法師無量壽出版社的資助，陸續出版「唐玄奘留學記」、「現代人的佛教」、「般若心經與美滿人生」、「現代生活與佛教」、「佛教的人生觀」、「怎樣活用佛陀的智慧」、「喬答摩佛陀傳」等書，都出自劉居士的手筆。同時，他也在佛光山出版「佛教說話文學全集」（共十一冊），膾炙人口，受到廣大佛友們的喜愛。

另外，他平時也在國內外佛學雜誌，例如「獅子吼」、「南洋佛教」、「菩提樹」、「妙林」、「慈雲雜誌」、「覺世」等處，發表佛教散文，吐露自己十年學佛心得。他寫的文章內容，最大特色也是淺顯實用，而不在研討佛學，或引經據典去考證佛理。一切資料都取自日常生活，旨在論釋佛法不離世間法，詳述世間各種現象，都能靠佛法來破解，反證人云亦云，和知識上的論點，都不是究竟圓滿的答案。尤其，從他的作品裡，不難看出佛教不是談玄說妙，而是日常生活能夠實踐的寶典，所以，誰若讀完這些書後，都會有很多受用。

據我所知，許多初學佛的人，也難免誤解佛教，才不懂得處理實際生活的煩惱，例如煩惱的起因、性質和消滅的方法。當自己在看報紙或聽新聞時，常常迷惑於假象，不知緣起緣滅，而視它們為實相，執著一切，才造成根本苦惱。諸如這些例證的解說，也可從本書裡領悟得到。

無疑地，在美國弘法會碰到數不盡的辛酸、挫折，但前景是光明的，我們有信心發現佛教在美國的生存空間，不會比美國傳統的宗教遜色。毋寧說，也許有過之而無不及。一般說來，美國人比較習慣性，有較多知識階級傾向真理，只要認為佛法符合真知拙見，首先，會很快的在大學裡講授，並接受挑戰，這樣，就不難找到立足和發展的機緣。但是，若要達到這些目標，不能仰賴奇蹟和僥倖，而絕對要依靠許多善知識來落實和努力。幸好，我們佛教弘法中心的同修們都懷有這項共識與理想，明知這是一條漫長、艱辛的路程，無如，我們認為凡事總要有人肯做第一步，以後才有人做第二步和第三步……，同時，我們也只盼量力而為，即使只能邁出一小步也不妨，讓第二步、第三步和以後的路子，因緣際會時，由別的佛友們來繼續。當然，劉居士也一直熱心參與這項事業，而不會途中退怯。

我謹代表「美國佛教弘法中心」幾位同修，表達由衷的鼓勵，說幾句肺腑的話，當做簡單的序文。

洛杉磯佛教聯合會
美國佛教弘法中心
會長　照初
一九九二年九月十日序於菩提寺

自序

學佛不太論資歷，但屈指一算，我學佛也快十年了。

皈依後，我匆匆來到美國。剛來兩年裡，除了奉行師父——真華上人的臨行贈言：「老老實實唸佛」，我實在沒有時間讀佛經或看佛書。但因緣不可思議，我在洛城法印寺遇見幾位善知識，繼而組辦「美國佛教弘法中心」，才在餘暇譯佛書和寫作，一直持續到現在。

最近一年，我特別留神世上發生的各種現象，到底跟佛法有什麼關係?換句話說，我一面仔細地生活，一面觀察佛法與生活的關係。因為我對佛學沒有深入研究，實修功夫也不足，自然在這方面的觀察也不夠周密和精闢。

不過，這些散文內容，都是我自己體驗佛法的心得，談不上知見或正見，只是抛磚引玉，想引起更多大德們來談論佛法，尤其是生活性的佛教內容，便於接引初機者和想要學佛的有緣人。

因為我學佛後，一直住在加州洛杉磯，沒有機緣參訪國內的高僧大德，聆聽他們的教誡和開示，始終覺得是一大憾事。不過，我卻有更多機會接觸異教徒，尤其是基督教與天主教徒，反而常常有比較教義和辯論的機會，結果，讓我更慶幸自己選擇了正確的信仰，也能體驗到佛法的殊勝與奧妙。

依我的淺見，佛教將來在美國的發展空間不會比在東方社會遜色。愈重視理性和知識的社會，愈能襯托佛教的殊勝、偉大，因為佛教的內涵豐富正確，將受到文明人的喜愛與擁護，自然不在話下。怕的是，沒有人才來弘揚而已。

起先，我比較熱衷佛書閱讀，喜愛究竟教理，直到自己發覺讀經研究，沒有解除多少煩惱，經過一番反省，始知自己陷入知識論裡，變成一個佛學研究者。於是，我趕緊掉頭，轉向生活化的佛教。結果，才發現法喜充滿的感覺，原來出自「信受奉行」。

本著野人獻曝的心情，謹把這些心得提供給初學佛的同修，希望一塊兒來享受法喜，豐富人生。

學佛中，我很感激新竹福嚴佛學院師生的接引和栽培，在洛城時，「弘法中心」的同修們多方鼓勵與提攜，尤其，本書能夠出版，幸蒙大展出版社蔡森明居士協助，都令我感激不盡。

劉欣如序於
洛杉磯

目錄

1 佛教的職業觀

人類社會的進展，要靠大家的分工合作，各盡所能，賺取生活的需要。只要是合法、合情和合理的行業，都是值得肯定的，即使報酬不是很優厚。世人一方面為了生活而工作，但也為了工作，而扮演自己應有的社會角色，滿足與生俱來的社會參與。所以，人不能脫離團體生活，團體也少不了個別成員。人類是社會的動物，正是這個道理。這也是社會學裡很淺顯的原理。

因為人要靠工作或職業才能生活，所以，職業對人實在太重要了。關於職業生活的道理、類別和重要性，佛法裡也強調得很清楚。

本來，學佛的目的在求解脫，進入涅槃。至於怎樣進入涅槃呢？『涅槃經』裡有一段問話，那是一位居士請敎舍利弗如何才能進入涅槃。舍利弗回答八條神聖之道——八正道，才是前往涅槃的唯一途徑。八正道是正見、正思惟、正語、正業、正命、正精進、正念和正定。這也是滅盡老死的八條神聖的道路。其中，正命就是指合法、合情和合理的經濟收入，和健全的職業生活。可見佛敎是很重視現實，一點兒也不逃避，不消極，更不是終年累月隱居在深山，過著不理會紅塵的生活。

許多佛經開章明義指出『人人悉有佛性』。這是學佛的人最起碼的自覺和認識，意思是不要自暴自棄，大家都有自己無限豐富的潛力，都有值得開採的寶貴資金。例如才能、性向、特長和興趣等，潛伏在自己的全身上下，所以不必要自卑。但也不能高估自己，只有透過合法、合情和合理的職業活動，才能獲得最大的發揮，得到圓滿的成就。

從佛經裡，我們發現佛陀曾經向國王、大臣、巨富、學者、商人、乞丐、奴隸、妓女等形形色色的衆生，講經說法，列舉各種譬喻活用諸多方便，結果都能令對方皈依佛道。佛陀很尊重對方的性格、社會角色、知識程度、才能差異和職業分工等不同條件，不能用同一種方法去對付不同根性的衆生。

不但宏法如此，教育弟子也不例外，所謂因材施教，個別差異，在職業生活上也照樣可行。所以，真正問題的焦點，在於怎樣開發自己的佛性——潛力？活用自己的才能？如果所用非所長，或毫無自知之明，甚至不自量力，硬是要做既不合法，而且又不合情理的行業，這樣既使有厚利可圖，也未必是最理想、最圓滿的職業觀。

有些行業不一定會犯法，好像烤肉店、炸雞店、屠宰業、吃角子老虎等，即使有大錢可賺，也不屬於「正命」的範疇。至於地下錢莊、地下舞廳、應召站等更不用說了，統統都不是八正道的「正命」。

只要屬於「正命」的行業，都沒有高低貴賤的差別。社會上報酬多寡，不能完全決定職業的價值高低。職業有沒有價值，或者價值多少，主要在職業本身對人群有多少利益？對社會進步能夠貢獻多少？而不是由金錢報償來論定。誰都明白諾貝爾獎金的金額不多，甚至比起生意人，或老牌歌星，猶如小巫見大巫；但誰也不會否認它所代表的價值、意義和尊榮。

說來令人洩氣，有些落後頹廢和脫軌的社會，一般人的職業觀也是歪曲、妄邪的，那樣下去，不但不能向上進步，反而會愈來愈衰敗，道德意識會奄奄一息，後果非常可怕。所以，正常的職業觀，是決定這個社會是否進步或高尚的重要指標之一。

不問對方從事那一行業，只管待遇有多少，完全忽視行業的社會價值；只問能不能賺錢，或有無優厚的待遇。說得露骨些，不管他是教授、作家或工程師，只要收入不豐，照樣沒有社會地位，到處被人嘲笑，受盡輕視，那怕他有多麼高深的專業訓練和道德行為。相反地，即使他是小偷，或是妓女，甚至搶劫勒索；只要弄到錢，滿身珠光寶氣、出入轎車，居住美侖美奐，也不會問心有愧，照樣會被人欽佩，說他有辦法、有本事。

這樣非「正命」的職業觀念，不但完全違反佛教精神，長此下去，這個社會一定沒有前途，我敢大膽地說，大禍臨頭，自食惡果的日子不遠矣！

有人譏笑台灣社會好像暴發戶。這個形容詞很含糊，起初，我也不知暴發戶的心態是什麼。仔細一想，才幡然省悟——沒有健全的職業觀，連一點兒文化生活的觀念也沒有，只知吃喝嫖賭，到處都是餐廳賭場、色情充塞，生活品質惡劣到極點。

一位張姓的出版社老板嘆息說：「在台灣從事文化事業是一條很悽涼、很不受尊重的行業，因為沒有厚利可圖。讀書風氣太差勁。」在金錢掛帥、輕視專業成就的社會裡，豈止文化事業如此？任何從事智慧開發，或利益衆生、教人抑制貪瞋痴等較高層次的行業，沒有豐富的金錢報酬，照樣被人輕蔑。這是令人擔憂和痛心的現象。事實上，這是絕對偏差，妄執的社會觀念。

正信佛教徒大可不必人云亦云，唯利是圖。只要是能夠利益衆生的行業，那怕待遇不太理想，都符合「正命」的真諦，學佛的人要徹底實踐它。

關於正常的職業觀念，『阿含經』有一段動人的描述。內容是：

「有一天，世尊來到摩伽陀國南部一個名叫『一茅』的村落裡。那裡有一位婆羅門叫做巴拉多買，正在田裡耕作。他播種時先將幾把鋤頭拴在牛隻身上。

那天早晨，世尊只披內衣，持著鐵缽和重衣，前往巴拉多買正在作業的地方。

當時，這位婆羅門正在分配食物。世尊走近他們吃飯的位置，站在一邊。婆羅門看見世尊站在旁邊想得到食物。

只聽他告訴世尊說：

『求道的人呵，我播種耕作，但也是在作業完畢才能吃飯的。求道的人呵，你也來耕作和播種吧，待你一切作業完畢再來吃東西。』

世尊回答：

『婆羅門呵，我也在播種和耕作哩，因為耕作和播種才有東西吃。』

婆羅門詫異地問道：

『但是，我沒有看到你的牛隻、頸圈、鋤頭、犁和尖棒。喬達摩呵，你怎麼說在耕作和播種呢？』

接著，婆羅門又作詩告訴世尊：

『你雖然自稱農夫，可惜，我沒有看到你在耕作。請問你，你說自己在播種和耕作，何不說來聽聽？』

世尊立刻回答：

『信仰是種子，苦行是雨水，智慧是我的鋤頭和頸圈，慚愧是鋤棒，意念是縛繩，心念是我的犁和棒棍。

保重身體、說話謹慎、節制飲食不要過量。我把誠實當做除草，柔和當做我的頸圈。努力是我的牛隻，牠能夠載我到達安穩的境界。不會後退、勇往邁進，只要到那裡就可以無憂。我的耕作就是這樣，會得到甘露的果報。只要這樣耕作，才會從各種煩惱中得到解脫。』

之後，那位婆羅門也登門來訪世尊，出家受戒了。」

並非只有動手動腳幹粗活才算工作。婆羅門的職業觀是錯誤的，因為世人的職業可以分為勞心和勞力。宏法是很神聖的勞心作業，不能以金錢論高低。

不久前，洛城有一位二十多年不曾回國的老留學生，難得會忽然抽空回台灣探親訪友。原來打算停留兩個月，好好補償多年來思鄉念故的心願，準備找昔日的同學伙伴敍舊。誰知道他回台只停留十天就匆匆返回洛杉磯了。大家吃驚地問他何故改變初衷。

他失望地吐露：

「大家起先看我多年沒有回來，自然親熱一陣。可是一開口就問我在美國做什麼行業、賺了多少錢。當他們聽說我完成學業後，受聘一家頂尖與著名的科技公司當技師，到現在仍然當夥計時，立刻表示輕蔑的語氣，大失所望的樣子，完全不理會我在專業上的成就，不理會什麼著名的科技公司。他們根本不懂，只有真才實學才能在那裡待下來。那也是一種光榮和價值。他們不管這些，只知有多少待遇。當他們用升值的台幣一算，知道也不過如此時，好像不屑一顧……。我心裡很難過，什麼親情、友情都不想了，只好趕緊離開那裡。」

「笑貧不笑娼」，「祇問羅衣不問人」的挖苦話，果然是台灣社會裡最可怕和錯誤的職業觀。

美國社會比較重視隱私權，別人有多少錢、貧富如何，沒有人關心，完全是自己的事。若想得到優厚的待遇，完全靠專業知識和實際能力。然而，開口閉口談年薪多少，工作領錢只為渡週末。缺乏敬業和奉獻的情操，更沒有終身服務某家特定公司的習慣。這也不是理想的職業態度。

記得二十多年前，我旅居日本時，發現日本人的職業觀念很正確，我想現在也不會變化太多。當時，我作客在長野縣一位姓山田的日本友人家裡。他是年老的司法官，年薪僅比普通公務員稍好些，但也談不上優厚，更比不上在大商社做事的親友和同學。論經濟地位，他實在不算什麼，殊不知左鄰右舍，甚至全村子的人，都很尊敬他，一談到當司法官的山田先生，都會豎起大拇指，嘖嘖讚嘆他的高風亮節，職業態度和專長。在那種社會風氣和認知的情況下，他自己也覺得很欣慰，清貧一輩子也值得，決不做非法的勾當。我心想，如果他沒有健全的職業觀，一心想賺錢，在他的職場裡大有飽私囊的機會。若有這樣的司法官，法庭裡還有公理嗎？

在笑貧不笑娼的社會裡，司法官也是凡夫，照樣有七情六慾，一旦走上要錢不要臉，昧著良心做事，那麼，這種社會不是自甘墮落嗎？

另一位日本朋友透露，某年某日，一位早稻田大學的教授到某村子做市場調查，村民聽說大學教授要到本村來，都出門來排隊歡迎，尊敬他是一位知識份子。其實，當時教授的待遇，也只能溫飽而已，可是大家還是打從心底敬仰這個教授的職業。

我想日本能夠成為舉世聞名的文化大國，原因應該是大家熱愛文化生活，尊重文化事業，倒不一定在乎它有多少收入。

光從金錢標準來選擇職業，會誤人誤己，有時還會貽害社會。許多犯了佛教大忌的行業，例如殺生、邪淫和飲酒等方面，都有厚利可圖，儘管不是完全非法，但也絕不是「正命」。除非為生活所逼，迫不得已，充其量過了難關，還是設法改行才好。

從佛經裡看出佛陀一向尊重各行各業，絕對不因對方的職業低賤而拒絕救度。佛教重視合理合情的經濟生活，主張正當的職業收入。惟有正當的職業，才有資格在社會上過得堂堂正正，到處可以抬頭挺胸。寄人籬下，無所事事，才是佛教所不允許的。

「一日不作、一日不食」，正是一位佛教禪師開示世人最好的職業觀念。真正學佛的人，都應該破邪顯正，培養正確的職業情操。不要隨波逐流，害了自己，誤了社會。

2 不配談禪也談禪

二十多年前，有一天，我偕同蔡君在東京街頭漫步，順便走進一家舊書店，正在環視書架上的分類時，驀地裡看見左側架子上，連著四、五排都放禪書，封面五光十色，煞是美觀。單是鈴木大拙一人的作品，疊起來也幾乎高達我的腰部，而且是精裝本，我不禁吃驚地問道：

「禪是談什麼？」

「禪是高級幽默，智慧遊戲。」蔡君漫不經心地回答我。

既然禪是幽默和遊戲，不學也罷，還是將所有時間精力聚集在實用的學問要緊，那才是安身立命之道，待以後有閒情逸致再來看禪書也不遲。這是當時的想法。

擱了許多年，我回國立業忙碌，偶然到書店裡，始終看不到禪書，可知台灣在這方面的研究與出版幾乎絕跡，簡直是一片荒蕪，直到我出國前不久，才在報紙廣告欄裡，看到「一日一禪」等新書預告，可惜我沒有買。來美國以後，工作之餘，接觸高僧大德和一群學佛朋友，又開始注意到禪了。但，當我看完幾本禪書介紹，簡直丈二金剛摸不著頭，不知裡面講些什麼？即使看得懂全文字句，也悟不出什麼道理，更體會不到幽默和智慧遊戲的意味，我心裡好不納悶。

既然從文字上看不出所以然，何不去請教對佛學極有造詣的法師和居士呢？只聽他們回答：

「看禪不能靠理解，要用慧心去領悟……。」佛學院畢業正在宏法的李居士回答，反而增加我的迷惑與驚訝，不知他是故弄玄虛，還是肺腑之言？

「看禪書要靠體驗，有打坐經驗比較容易體會。」觀音寺的超定法師向我解釋。

既然這樣，待我學會打坐後再看禪書便了，我心裡有了計較。

經過一段不算短的日子，總算有一些打坐的體驗，其中的甘苦，「如人飲水，冷暖自知」，這果然是最好的說明，和經驗之談，不過，距離「行住坐臥，無非是禪」的境界還差得太遠太遠。有時候，我回憶當年蔡君的回答，從某個角度看，也不完全是無的放矢。因為從許多禪的公案裡，的確存在不合情理，滑稽古怪的例證，像師父毒打弟子，弟子腳踢師父，乍看之下，簡直豈有此理，若無半點兒慧心，怎能參透其中有莫大的玄機呢？

孔子說：「朝聞道，夕死可也」，可見此「道」多麼令人著迷，而且，求道者的心志多麼可敬佩。依我看，不妨用那個「道」來形容「禪」，而求道者求禪若渴，如醉如癡的精神，也足可比擬歷代輝煌不朽的禪師，好像為了求禪，不惜雪中斷臂的慧可禪師，在少林寺面壁九年，始悟禪機的達摩禪師，還有胼手胝足，躬自耕作，也不忘修禪的南泉禪師等。這些禪宗大師苦苦追求的是，自己的「本心」。這顆本心無疑是真心、深心、明心；不曾被貪、瞋、痴所蒙蔽的原來之心。只有恢復本來面目，才算真正驅除無明，即刻成佛。偏偏禪宗的特色是，「不立文字，教外別傳」，這反而成禪宗的神秘性，也指出禪的最高境界。

若無一點兒慧心，只企圖從文句的理解中得到旨趣，恐怕會大失所望。若有坐禪體驗，在本心呈現刹那之間，應該能夠恍然大悟，或豁然貫道？有些禪師在行住坐臥間也能傳達禪心佛性，意思是生活起居都是佛性，這種境界真令我嚮往和傾心。因為我習禪的目的，不敢妄想成佛作祖，只盼獲得一顆清淨心，一份大自在，於願足矣。

曾經有一位心理學家說：「現代人幾乎都有過自殺的念頭。」如果事實這樣，那麼生活在現代社會裡多麼悲哀、多麼辛酸。

的確，從現代小說、詩歌和音樂藝術裡，也經常流露無奈感、疏離感、失常症和精神分裂等不吉祥名詞，雖然，現代人能夠每天吃到山珍海味，滿足口腹之慾，也能打扮得花枝招展，或住得美侖美奐，殊不知他們內心猶如油盡殘燈，精神枯竭，到處找尋定心劑，想得到真正的心靈解脫，免得瘋狂畢命，這副最有效的定心劑就是禪，惟禪的妙味，才能使現代人獲得「藥到病除」的功效。

日本和美國是世界上工商業頂發達的社會，人民來去匆匆，成天緊張，在劇烈競爭之下，分秒必爭，過這樣的生活那能沒有心理疾病？據說日本中曾根康弘做首相時，日理萬機，也要每週抽空到禪堂打坐數小時，減輕精神壓力，明心見性，想多替國民服務。美國人作業最講究實效和功利，凡是得不到實際利益的事，都不會引發他們的興趣。但，習禪的美國人愈來愈多，可見他們已經從打坐中得到好處，明白禪功效能夠醫治社會的大病——緊張煩惱，我很敬佩美國人有眼光，能識貨。

誠如錫蘭籍的照初法師在洛城建立菩提寺，專教美國人學佛打坐，理論與實際雙管齊下，美國人趨之若鶩。法師說：「很多美國人都想從坐禪裡得到非凡的精神境界，也就是要消除煩惱，尋找快樂。有些美國人達到目的之後，另外開班授徒了。」

中國人都以為禪是佛教修行的項目，持戒清淨，才能得到禪定寧靜，其實，早年的印度社會裡，連外道和凡夫也在修禪，只是目的與思惟對象不同罷了。查看佛學辭典，始知禪的種類真多，仔細分析，簡直令人模糊。但，我只想修習大乘佛教徒重視的六波羅蜜之一——般若禪定，那才是昔日菩薩們為了獲得真智慧的法門。

雖然，我有了坐禪的基礎體驗，也養成習慣，領略出若干樂趣了，可惜，這樣仍然無補於我對禪公案的領悟，倒不像超定法師當初指點那樣輕鬆，甚至似懂非懂，始終不悟的時候居多，也許是自己坐禪火候太差，體驗膚淺的緣故。

我正在煩躁和沮喪時，有一天，我陪同友人造訪西來寺，欣逢星雲大師，蒙大師面贈三冊「星雲禪話」。回家後，我迫不及待翻開來看，啊！我喜出望外，如獲至寶，倒不是我忽然開悟，或慧心大增起來。原來，大師在簡短公案之後，將自己領悟的內容清清楚楚地寫出來，精彩絕倫、寓意豐富，猶如一道醇味，嚐到嘴邊，立刻讓人心曠神怡，而不需要讀者去苦思求悟。我每章都看了三遍，起初覺得其中似有所指，而又實無所指，直到解說看完，才使我這個慧心淺薄之輩躍雀起來。

現在，讓我舉出一個實例，看諸位能悟不能悟？

且說仲興禪師在道吾禪師處任侍者時，有一次端茶給道吾禪師，道吾禪師指著茶杯說：

「是邪？是正？」

仲興走近道吾禪師跟前面對著他，一句話不說，道吾禪師說：「邪則總邪，正則總正。」

仲興搖搖頭，表示意見說：「我不以為然。」

道吾追問：「那你的看法呢？」

仲興就把道吾手中杯子搶到手裡，大聲反問：

「是邪？是正？」

道吾撫掌大笑，說道：「你不愧為我的侍者。」

仲興便向道吾禪師禮拜了。

諸位看完這則公案，如果不悟，不必苦苦思索，不妨接著再看大師的解說：

道吾禪師開示的「是正？是邪？」這內中的道理，所謂「邪人說正法，正法也是邪；正人說邪法，邪法也成正。」有些天天說道的人，卻破壞人的信心，有些好打喜罵的人，卻也能給人入道。名醫治病，砒霜毒藥皆成良藥，因此說「邪則總邪，正則總正。」

仲興禪師認為宇宙是「諸法因緣生，諸法因緣滅」，能體會時則不執斷，亦不執常，作如此會時，則一切皆正。若將手中物執有執空則皆是邪。以此見地反問老師。

道吾禪師欣慰嘉勉，終於師資相契了。（錄自『星雲禪話』第二册第一一〇頁　是邪是正）

該書序言裡，也把禪的功能和價值說得淋漓盡致了——「禪是安住我們身心的一劑清涼散……禪能把我們的妄想煩惱止於無形，一句難堪的話，一個尷尬的動作，不忍回想的前塵往事，在禪的瀟脫、幽默、勘破、逍遙之中，一切都如春波無痕，煙消雲散。

總之，在我們的生活裡，如果能滲入一些禪味、禪趣或禪機，必會有非凡的意境，也必能豐富，並柔化我們僵硬的心靈。

可見禪是一種藝術生活，更是一種圓融的生命。

我建議諸位多學打坐、多看禪書，雙管齊下，獲利會更多。

3 懸崖勒馬猶未晚

我工作的一家旅館，有近八成左右的房客是走私販毒和吸毒者。我每次清掃房間，都不難發現他們吸毒的針筒和其他器具，真讓我開了眼界。聽說高級美國人裡，吸毒比率也相當多，震撼了美國政府。這種吸毒情勢正在燃燒到英國去了，當然，也慌了英國政府的手腳。我有一位中國朋友——尹先生，常來找我聊天，他笑著說：「他們當年把一船一船的鴉片送到中國來，居心險惡，現在只是自食其果罷了。」我聽了搖頭嘆息。

近日，世界日報上說，日本軍方在第二次大戰末期發明了「食了瘋」的精神興奮劑，讓自殺隊員服下後，馬上精神振作、衝鋒陷陣，戰後為世人所不齒。不料，那種「食了瘋」正是眼前的「安非他命」，現在日本人也愛上這種藥物，害得日本政府忙著要撲滅正在燎原的吸毒現象了。我想，這恐怕如尹先生所說：「自食其果」的道理吧？

不論推銷或製造毒劑的始作俑者，顯然現在都紛紛遭到報應。而且，這是標準的現世報，並不是莫須有的「天命」，更不是突然的「遭殃」。

曾幾何時，台灣人靠自己的苦幹實幹，創造了「經濟奇蹟」，也依賴傳說的勤儉和儲蓄，享受高收入的生活，這些事實受到全球人士的敬佩與擊掌。

不料，最近三年來，由於股市暴漲，使上市公司的市值資產，已由二百億美元竄升到目前的二千七百五十億美元，在島上製造了不少暴發戶。全島的號子超過千家……每天共有四百萬人口出入號子，平均每五人，就有一人玩股票……。結果，美國『時代週刊』曾以「貪婪之島」為題，報導了台灣幾乎是全民皆賭、人人夢想一朝致富的實況。

時代週刊說：「台灣有成千上萬的人。丟棄了傳說的方式、改走捷徑致富。他們都認為生命苦短，何不享受……結果便是揮霍奢侈後，破壞了傳統美德……在極為擁擠的街道上，到處都是歐美進口車、賓士轎車、過去兩年進口數量增加一倍……物價直追東京。……工人的工時減小，工作品質下降，因為他們注意力都被股票市場吸去了。」

『時代週刊』一向以言論公正馳名世界，他們不但直言事實，也一針見血在控告和警告台灣，且看他們的話說：「這個小島不只是貪婪而已，因為突然間的暴發，而成了虛胖的人，不但沒有文化，而且生活品質，及道德精神日益沈淪，出門載口罩，穿防彈衣的時代，恐怕就要到來，物價奇高，空氣奇差、治安奇糟……。」

不久，我獲悉這篇報導居然在台灣立法院引起軒然大波，立委要求新聞局向該雜誌提出駁斥，俾免台灣惡名昭彰，影響國際觀瞻，而破壞中華民國的形象。

同時，我也知道國際生態保護組織到處放映台灣人屠殺海豚的殘酷鏡頭，還有台灣人常常捕殺過境的伯勞、灰面鷲，以為可以大享口福，根本不聽無辜動物的慘叫哀號。

這些報導使我心裡很難過。這樣完全證明國人貪財、貪吃、貪玩……一群立委的無知、傲慢與邪見。大家明顯地造下滔天惡業，還執迷不悟。如果這樣下去，恐怕快有苦頭吃了。

世人常認為個人或社會的命運，都出自「天意」，也就是冥冥中自有安排。其實，這是似是而非的說法，真正影響個人或社會命運的力量，在於自己的造業。不論個人與社會的言語舉止，起心動念，時時刻刻都在造業。這才是控制自己命運的最大力量。

在業的諸種類別裡，有善業與惡業，也有別業與共業的區分。誰造的業，誰就要受到報應，除非證果解脫，否則，業力不會自動消失與轉向。不論個人或社會，只要造了惡業，就會受到惡報，也就是世人所謂「天罰」吧！

但是，業力在果報以前，也有許多變數。那就是，痛改前非，大力行善的話，多少會沖淡以往的惡業，或不一定受報的機會，也就是受到比較輕微，甚至免受「天罰」了。因此，改造命運的主人，完全是自己，別人幫不上忙，更非所說的天意，或冥冥中的安排。

因此，台灣人若要免於惡報，開創幸福的命運，惟一自救的途徑，就是趕緊行善，全力以赴。否則，必有現世報——犯罪率上升，綁架案劇增，出門穿防彈衣……天下大亂，嗚呼哀哉。

4 哀思與嘆息

父親四年前去世時，我克服不下許多困難，不能回台奔喪，心中有無限的哀傷與愧歉。之後不久，堂兄來洛城觀光，順便帶來兩卷錄影帶，那是台灣的弟弟特別為我準備好的，內容是在父親斷氣後，穿上壽衣，徐徐蓋棺，幾位法師誦經，親友們哀悼、送葬，直到入土的全部過程，清清楚楚，映入眼簾，前後大約四個小時。

不消說，我在嗚咽悲泣中看到多年未見，住在遠地前來奔喪的親友們，以及父親最後的儀容，和當時出殯的場面了。

時光迅速，這四年來，我還經常在夜闌人靜時，獨自坐在客廳播出那兩卷錄影帶，頓使我思念父親的情懷更不能自抑了。

前幾天，台灣的大姊和內弟來洛城看我們，彼此也分別了許多年。在閒談中，大姊順便提起故鄉的長輩們紛紛去世，可悲的是，居然有幾位後生晚輩遭到意外死亡，令人不勝唏噓，我們嘆息生命的短暫和無常。

此時，大姊親口透露，父親的天性風趣滑稽，臨終前仍然不改這種性格。他自知生命到了盡頭，斷氣前精神很清醒，不停地催促：

「快替我穿衣服，我要風風光光地去……。」

待親友們給他穿上壽衣，他又催促大家要抬到隔壁地面草蓆上，說完了，就靜靜地睡著了。親友們依他吩咐，抬著他的身體放在地面草蓆上時，他忽然清醒過來，改變語氣說：

「那個老頭兒走得太快，害我趕不上，只好自己回來。我要睡在床上了。」

親友們只好把他抬回床上來。這樣連續兩次，始終沒有痛苦的呻吟，也沒有依戀塵世，更無看不開的事讓他感到無奈與苦惱的表情。只有睜開眼睛，發現我不在現場，輕輕詢問一聲而已。接著，他才在安睡中逝去。當我聽到父親年逾八十，不曾長期臥病受苦，臨終時能夠看得開，好像自然回家的樣子，沒有半點兒無奈和被迫感，我也比較寬慰一些。

父親不是正信佛教徒，原因是，那時候台灣仍然停在神佛不分階段，學佛風氣不盛，父親也無緣皈依。但他終身相信因果，知道善惡，不做壞事，死後當然不會下地獄。只可惜親友中也沒有皈依者，不能在父親臨終時念佛，助他往生淨土。

翻閱寬律法師撰錄一本『近代往生隨聞錄』，知悉近代不乏虔誠的三寶弟子，幾乎都能預知時至，並在親友們的念佛聲中安祥逝去。他們所以能夠呈現安祥的面孔，就是能放下萬緣，什麼貪瞋痴等念頭都沒有，生前也實踐了佛陀指示，決不會做虧心事，才不怕去見閻王，真正看破我執，領悟塵世的所有物，生不帶來死不帶去，兒孫自有兒孫的業報，何必替他們耽心？惟有這樣，才不會含恨而死。

我真正懂得死的意思，好像在讀幼稚園那年。那時醫藥不發達，隔壁的堂伯母患了黃膽病，和另一種怪症，長年臥病在床上，服藥罔效，全身臃腫不堪，又呈現黃紫色，連眼珠也變黃了。更可怕的是，肚皮大得像臉盆似的，十分恐怖。她斷氣後，穿好壽衣放在地上，我因為一時好奇，想看看死人變成了什麼樣子？就趁著大人不備，偷溜進去看了。不料，不看猶可，目睹她僵硬、蒼白走樣的面孔，我害怕得不得了，連續幾個晚上都做惡夢。

從此打從心底開始畏懼死亡，也以為死人會到另一個可怕的世界，那裡的死人全是面目可憎。尤其，聽了大人們胡扯些陰間傳說，更加強我的畏懼感，直到我皈依，知曉善惡有報的道理，佛教合理的生死觀，以及人死後應該往生的去處。

且說那位堂伯母快要停止呼吸時，不僅身體呈現極劇烈顫動，也因為膝下子女不長進，害她還在憂心掛念，不停地小聲哀求鄰居們要多加照顧。最後，才在無奈中瞑目。

那麼，父親去世前的情景跟她相比，顯然比較灑脫自在，準備回家，無憂無慮，我覺得這樣很正確。

十年前，我住在竹東鎮康寧街，鄰居樓下有一位年邁健壯的老太太，她每日閒中無事，坐在門前看行人和車輛，但很少說話。我常常客氣地跟她招呼，她也只向我點點頭而已。

據她的媳婦私下透露，婆婆的日子過得不開心，雖然兒孫都很成器孝順，也不憂晚景，但是她發覺許多年齡彷彿的親友紛紛走了。使她對死特別敏感、警惕與害怕，反之，也格外留戀紅塵，執著性命，只要聽到別人在她面前談到死的事，她會整天悶悶不樂，甚至破口罵人無聊多嘴。

我出國許多年，我想她同樣抵禦不了無常的邀請，早已到另一個世界去了。但不知她臨走時，像不像父親那樣不憂不懼，去得自在呢？如果不是，那她內心的掙扎苦惱，也著實令人憐憫了。

其實，世人談死變色，始終執著生命的人很多，這也難怪，生死事大，人生終結，何去何從，世人爭論了幾千年，似乎得不到一致的結論。只有少部份宗教信仰的人，才肯定自己死後的去處。譬如正信佛教徒相信因果業報，惡人下地獄，善人往生淨土，除非覺悟成佛，都難逃六道輪迴的苦痛。

所以，當父親的惡耗傳來時，我哀傷地算著日子，憶起《十王經》的記載，暗忖父親死後四十九天，可能決定下輩子的投胎方向。但在黃泉路上，踽踽前進，到了第七天（頭七），會到達三途河（三瀨川），也就是一般人所說的奈何津。

這裡有緩急不同程度的三瀨，那是山水瀨、江深淵和橋渡。由於死者生前造業不同，必須渡過不同的瀨。這條河岸長著一棵大樹，名叫依領樹。樹上住有兩個鬼，就是奪衣婆和懸衣翁。他們專門搶劫死人的衣服，懸掛在衣領樹上，因為生前的罪過有輕重不同，會影響到樹枝垂下的高低彎度。

經過二七日、三七日、四七日、五七日、六七日和七七日等四十九天，就會決定來生的去處。如果依這個計算，父親早已投胎轉世了。不過，許多人懷疑十王經是一部偽經，所以，此說也不能當真。

有些死囚被執刑時，似乎很大方地說：「去就去，老子二十年後又是一條好漢。」表面上很灑脫、不在乎，殊不知這完全是無奈的氣話，他內心何嘗覺悟罪有應得？更無痛改前非的念頭，反而憤恨這種下場，似乎下輩子還要來大幹一場，才消心頭之恨，真是執迷不悟到了極點。

再看那些高僧大德，信佛虔敬，時常念佛，故在往生前，才能真正一無掛慮，微笑而逝，令人羨慕得很。

5 佛法無邊嗎？

中學生時代，我從世界地理課本裡，知道美國有諸多農產品的產量都居世界首位，甚至有些還超過世界總生產量的半數以上，物產豐富、氣候溫和、平原、高山少，不愧為天府之國。我來加州居住多年，吃到各式各樣蔬菜和水果，而且物美價廉。我有時要剷除門前的雜草都不容易，因為除去後，不久，又看到它會自動長出綠色嫩葉，生機蓬勃，令人好氣又好笑。在庭院種菜，不必施肥澆水，照樣會迅速地茂盛成長。高度不及膝蓋的果樹，不知不覺裡會結出纍纍豐盈的果實。像這種地方，卻是餓不死人的天造綠地，種什麼，就能長出什麼，不必焦慮，不必施工，就能收穫，所謂「不勞而獲」，當如是也。難怪一位非洲來的美國女作家，開完會後嘆道：「上帝真不公平，把所有優點全都給了美國，把一切缺點都丟到非洲來。」說到傷心處，不禁悽然淚下。

除了地理環境好，美國還有傲視全球的民主政治，和令人羨慕的福利制度，以及發達的慈善救濟事業。生長在這樣的環境，簡直是上輩子修來的福德，才有今生的福報。

不過，有些人沒有現世緣，也照樣享受不到這種優渥的福報。

還沒有來美國以前，不時從報紙上獲悉美國有成千上萬的人，生活在飢餓邊緣，有的貧疾交加，無家可歸，境遇十分悽涼。我不禁懷疑，為什麼政府的福利救濟和慈善機構都不去幫助他們呢？而且，數量如此之多？甚至看到一則消息：

「父母不敢打開電視，害怕孩子看到食物廣告，會刺激食慾，吵著要買來吃，父母親沒有錢買。」

乍見之下，令人鼻酸。普天之下的父母，誰不希望自己的子女吃得白白胖胖？

事有湊巧，我來到美國後，居住和工作都在窮人區，更絕的是，這個市區居然還是美國全國十大貧困城市之一。我抱著「既來之，則安之」的心情，也不覺得倒楣和緊張，成天都跟窮人為伍，不論看到的、認識的，或結交的朋友，全是土生土長的美國標準窮人。於是，我才有機緣認真，而又耐心地觀察周圍窮人的心態和貧困原因，也進一步去思索解決之道。不久，我馬上有了心得。藉用佛家的話說：他們是自作自受，咎由自取，一切怨不得別人，全都要自己負責。

雖然他們都希望有錢，早日脫離窮困的日子，但卻事與願違，偏偏在窮困裡渡日，不能自拔。最後紛紛以悲劇收場，令人同情、令人嗟嘆。

事實上，他們要富裕很容易，可以不假外求，一切求自己就夠了。上述他們之所以會貧困受苦，全是咎由自取。不造惡因，自然嚐不到惡果。那麼，他們為什麼會貧困至此呢？怎樣才能跳出窮苦的池沼過舒服日子呢？

我在一家汽車旅館任職，也住在旅館經理室裡。這家旅館位於混合區，但周圍居民以墨裔為主，摻雜少數白人、東方人和黑人。外人來到旅館時，只要看到停車場上破舊的老爺車，也不難判斷客人的素質和水準，可以想像得到他們是衣衫襤褸、蓬頭垢面，因為這是古今中外所有窮人家的共同寫照。

走到洛杉磯市中心，譬如市政府、法院或小東京一帶，不論公園裡、馬路邊或巷子裡，都聚集成群的窮苦黑人，他們無奈地躺著；茫然地坐著；踽踽地走著，望著天邊的浮雲，漫無目標，過一天算一天，心裡那有什麼信念或計劃？既無正見，當然是痴的表現。

一位台灣來的朋友說：「美國人天一亮，就先想怎麼享樂；台灣人一睡醒，就想要怎樣賺錢？」

這是許多美國人之所以貧困的因緣，錯誤的觀念自然導致錯誤的結果。貪玩、享樂會污染清靜的本性。所以，他們要靠正見、正思來去除心裡的三毒，別讓它一直盤據在心靈裡，否則，永無出頭或富裕的機會。

我剛來上任那天，前任經理也是中國人，他警告我：

「你寧可同情貓狗，也不可憐憫這裡的窮人。」

我吃驚地問他原因，他點到為止，沒有解釋下去。

不久，我才明白其中的道理。一天黃昏，一個窮漢來到櫃檯前哀求：

「先生，我整天沒吃東西，兩小時後，會有朋友送錢來給我，你先借我兩塊錢好嗎？我到時一定還你。」

我知道飢餓的難受，馬上掏出兩塊錢借他，同時吩咐他，錢到手後必須要還我，他連聲稱是，拿著錢走開了。

不料，時間到了，我走到他房間敲門，卻看見他買酒回來猛喝，向他討錢時，反而被他破口大罵：

「連兩塊錢也要討回去，真是吝嗇鬼。」

我除了懊悔，還聽到他惡言惡語、滿口髒話。這種人不是昧於「正語」和「正業」的佛理嗎？只知酗酒鬧事、躺在床上昏睡，那想到賺錢謀生呢？

美、墨兩國的邊境連接極長，許多墨西哥人偷渡過來，沒有一技之長謀生，又不肯出賣勞力工作，只想錢會從天上掉下來，或等待政府的救濟金，一領到錢，又花天酒地，不明白「不事生產」是奇恥大辱。只知走私販毒、偷竊搶劫，完全違反「正命」的佛理。佛法很重視勤勞節儉，排除不良嗜好和五慾之樂，因為後者是致人於貧窮的重要因素。

既然不能領悟正命，也自然沒有適當的休息和作業，更談不上身心健康和美滿的家庭了。

美國教育制度完善，也深受政府的重視，義務教育長達十二年，高等教育更是一片沃土，如能領悟「正精進」的佛理，利用時間到學校進修，上圖書館或科學館，都能得到豐富的知識和謀生技能，這樣，自然可以脫離貧困的日子，享受富庶的生活了。

雖然，美國社會工作緊張，生活壓力大，若能勤修四禪定，攝定散亂緊張的身心，必能進一步培養自立積極的人生觀。領悟正念，把心放在無常、因果和業力方面，也能使人奮勇前進，斷除懶惰的習性。

哀莫大於心死，即使出生天府之國，若不珍惜善緣，一直作賤自己，照樣成為天堂的乞丐，以至死無葬身之地。若肯走上佛法的八條正確道路，美國不愧遍地黃金，永遠是富人。

這八條正道不但能使美國窮人獲得物質財富，免於飢寒，更使他們擁有豐富的精神與心靈的財富，譬如健康的身心、勤苦的美德、生活的智慧或正確的人生觀等。

寫到此，不禁想起從前看中國傳統小說時，有一句「佛法無邊」的話，總以為佛法比太上老君的道法，和番邦妖術還要強，可以勝過一切妖魔鬼怪，或者，佛法不僅能拯救中國百姓，也能解救夷狄之邦。說真的，佛法可以解救普天之下的芸芸衆生，包括印度人、非洲人和美國人等，尤其，更能拯救美國的窮苦人。

6 美國職場的適應良方

——懷無常想、具忍辱行、平等無執，則心無掛礙、隨緣自在

我來美國不久，對各方面都很陌生，滿腦子僅是台灣的觀念。一天，我在超級市場裡遇到二十幾年不見面的大學同學，驚喜之餘，聽他的英語十分流利，趕緊問他來美國幾年？不料，他先嘆口氣回答：

「來久有什麼用？還不是在打工？」

顯然，他言下不勝怨嘆。接著，他才說在一家銀行上班，我卻羨慕地說：

「原來是金飯碗？打這種工有何妨？一輩子可以待下去。」

事隔幾年，當我逐漸明白美國的職場狀況，始知當初那位同學的怨嘆，果然有不尋常的意義，至少含有無窮的辛酸、憂慮、氣餒和無奈。這些都不是剛踏入美國職場的人能夠體會得到。

在台灣，如果被問在那兒高就？只要答得出公司行號，就不會被嘲笑為無業游民，無所謂打工或老板，即使幾年不見面，也不會有多大變動。這裡的情形完全相反。美國社會好像把職業分成絕對兩極化——老板與夥計。只要當老板，意味很有辦法，很有成就。如果當夥

計，即所謂打工，不論在怎樣著名的公司上班，甚至在公家機構，也同樣意味還沒有翻身，生活在惶恐不安中。原因是，美國的職業太沒有保障，工作流動性極大。上班族即使有很高的月薪，爬到一級主管，或當了資深大老，這種身份反而愈危險，完全不是國內那種令人艷羨，也讓自己得意的情況。

我認識一位香港來的陳君，在加州高科技中心——矽谷某公司擔任首席工程師十八年，不久前，被美國老板叫到辦公室，老板一副無奈的表情，以惋惜的口吻告訴他：「國防預算削減，為了開源節流，請你另謀高就。」

他為公司效命十幾年，沒有功勞，也有苦勞，不論學經歷都是上選，公司為縮減開支，開刀這種高職位的人，效果最彰，殊不知陳君過慣了美國生活平時沒有儲蓄，一下子生活無著落，只好跑去餐廳當「店小二」，靠打工渡日。

另一位台灣來的吳君，在AT&T貝爾實驗室服務十五年，申請過八項專利，也在去年底列入裁員名單內，公司答應幫他調到其他州去，但要有空缺才行。他只好回家裡蹲。一年快過去，還沒有消息。由於失業，既無保險，又無退休金，每天吃老本，壓力愈來愈大，迫使他乾脆去當小學校的司機。否則，房子、車子等分期貸款繳不出來，可能被迫賣房子，一輩子不能翻身。

諸如此類的例子，在美國實在太多了。許多人曾經做過高級主管，兼有輝煌的學經歷，但若平時沒有心理準備，不懂得處理情緒，在失業的打擊下，有人企圖自殺，覺得努力工作，奮鬥一生，淪落到走頭無路的地步，苦悶與絕望的情形，非靠相當的智慧來解決不可。

在美國的職場上，競爭劇烈，優勝劣敗，一切看成績、看表現，六親不認，沒有絲毫感情可說。凡事由電腦控制，人人成了團隊的工具，為了追求利益和最高效率，必須全力以赴。有人說這樣很不公平，有人埋怨這樣很殘忍。不管怎樣，為了生存，大家都要面對這種現實。所以，大家要有一套完美的精神武裝，也就是必須攜帶最豐富的心靈食糧才能安心過日子。依我看，這就是佛教的智慧了。

美國的職場作風，淵源於整個社會制度和觀念；一般習俗如此，不是個人能力可以改變。自己心裡一定要落實這種環境，不必埋怨，卻要心裡有數。這樣，即使不幸捲舖蓋，也會處變不驚。

我認識一位張君，來美國十五年，拿到工程碩士學位以後，開始在一家建築公司上班。在起先十年裡，換了七家公司，不是被炒魷魚，就是被迫自己辭職，照理說，他屢作屢敗之下，一定會焦灼不安。事實上，他卻態度坦然，毫不在意。他說：

「美國職場本來就是時刻不安的性質，凡事盡力而為，不必太計較得失，才不會有精神壓力。要記住此處不留我，自有留我處。美國社會很大，何怕沒有公司收容我……。」

我佩服他體會了「無常觀」，時刻心裡有充分準備，才受得住打擊，不會灰心或絕望。

他不執著某地、某事或某人，即使有了變化，也能隨遇而安。所謂「人有旦夕禍福」，或者「天無三日晴」，何必一直執著如此？等於自尋苦惱。

我的鄰居是一位墨裔工程師，名字叫阿米哥。他在某家電腦公司上班五年，去年被裁員以後，至今還沒找到事做，看他還過得很開心，我好奇地問他，怎樣面對困境而不氣餒呢？他笑瞇瞇地解釋：

「我平時沒有不良嗜好，省吃節用，物質生活很單純，才有銀行儲蓄，這是最可靠的保障。我雖然暫時失業，卻趁這個機會到學校深造，修習另外的學分，拿到學位後，也能再找別的事做，我不害怕，也不自卑。」

據我所知，這位阿米哥決不是佛教徒，無如，我暗自驚訝，他怎會懂得「心無罣礙」的佛法呢？「心無罣礙」出自《般若心經》，就是不論何時何地，心裡要自由自在、看得開、不恐怖。而且，他又懂得利用機會進修、充實自己，增加一技在身，可以開闢另一個田園，準備耕耘和收穫，這不是「精進波羅蜜」嗎？

《大智度論》裡提到：「善濡直心」，勸告世人的心要一直被潤濕，不能讓它乾涸。有了濕潤，和柔軟的心，才能保持樂觀，不計較暫時的得失。惟有這樣的心情，才有資格在嚴酷、苛薄與無情的職場上飄浮，成為穩定可靠的舵手，過著有驚無險的日子。倘若進一步領會，悟出「般若」的智慧，心境不被外境所動，心情始終在柔和潤濕裡，那麼，他也會生活在朝氣奮發、樂觀努力的狀態中，不畏職場的時刻變化。

美國的職場一直瀰漫種族歧視的臭氣，除非有特殊本領，通常都有白人優越的惡行。一位桃園來的李君，在某家醫療器材公司待了三年，一直在原地踏步，爬昇不起來。反之，比他慢來兩年的一位白人，能力不如李君卻很快做了他的上司，每次請假，還要白人簽名。幸好李君蠻不在乎，他知道公司是白人老板，當然會照顧自己的族屬。所以，李君一面以能屈能伸的態度，心裡另做打算，好好利用公司當做訓練自我的場所，充實自己，養精蓄銳。一面在「忍辱」方面下工夫，讓生活穩定，每月有固定儲蓄。

果然不到幾年，李君懷著豐富的資本──現款和經驗，欣然離開公司，去發展自己的事業，當了另家醫療器材公司的老板，總算忍辱得到收穫，最後熬出頭了。

忍辱是不瞋恚，凡事要寧靜與鎮定。大乘佛教最重視忍辱行，把它列為六波羅蜜之一，也是菩薩必須修持的德目。

在洛城，經常會碰見許多外來的新移民。若他們來自非英語國家，剛來美國，言語不通，當然不在話下。而且，以往的學經歷也都派不上用場，所用非所學，甚至做了跟自己原來的身份和特長完全相反的行業，那種心情非常沮喪，一天挨過一天。

這時候，與其努力去找尋工作良機，不如先改變自己的觀念，千萬不能囿於原來的想法，要破執著，認定一切要從頭開始，萬丈高樓，也要從底處起。先慢慢調整自己的情緒，凡事要看開，根據環境需要，入境隨俗，精進自己的特長，再來找工作也不遲。但是，絕不能不停地回味輝煌的過去，埋怨現在，這樣不但於事無補，也不利自己，結果一步也休想踏出去。

譬如，有一位桃園縣的曾君，在台灣當過小學校長，年僅五十出頭，身體強健，來美國五年，仍然找不到事做。問題不是沒有機會，而是他適應不來，滿肚子傲慢心，嫌這個不行，怨那個不好，每次作業僅待兩天，就被人叫滾蛋，害得他多年來不再敢出去謀職，待在家裡衍出無數的後遺症。倘若這位曾君懂些佛法，有些無常觀念，和破執著的勇氣，一切情況會比較好些。雖然不能保險能找到理想的事做，至少會擁有一顆不凝固的心，不怨天、不尤人，享受比較自在的日子。

在美國，除了極少數特別有錢的人，不工作也能三餐無憂慮，據估計，至少有一億三千萬人，必須每天日出而作，置身在劇烈的職場上，埋頭苦幹。除非到退休可以領到養老金，否則，終身都不得安定，有人說怪可憐，但在這種情況下，如有佛法的信仰，開拓豐富的心靈空間，悟出隨遇而安、臨機應變的爽朗胸懷，照樣能夠在最工業化的美國，渡過無慮無憂的歲月。

在台灣，仍然存在相當程度的士大夫觀念，但在美國完全相反。若帶來這裡，一天也難過，一定會成為謀職的致命傷。

有一位在台灣兼任好幾所大學的現代史課程的名教授，著述頗豐，從他的名片上，也發現他來美後仍在某大學做研究，可是，他課餘卻替中國商店看風水，量地理、畫符咒，忙得不亦快哉，有人譏諷他斯文掃地，他卻表示職業無貴賤，不偷不搶，有何不可？我真佩服他沒有傲慢心，不執著老觀念。

另有一位蘇姓的老華僑，學佛二十年，熱衷淨土，每天念佛至少一萬遍。看他笑口常開，真正心無掛慮，至今仍然在全是白人來往的職場裡，有恃無恐，不亢不卑，反而得到尊敬。看樣子，他待到退休似乎沒有問題，其實，據他透露：「即使那一天會離開，我也沒有非留下去不可的打算。」

這不是得利於學佛的覺悟嗎？因為他不貪、不瞋、也不痴。

如果因緣殊勝，遇到老板或職場有許多佛友，組成念佛會，時時享受法喜，不僅能解除各種精神困擾，增進作業成績，也能有機會早日開悟，一舉兩得。可惜，美國幾乎沒有這種職場。

7 切莫等閒視無常

朋友聚集，暢談佛法，無限歡喜。可惜，有人能夠引經據典，頭頭是道，看他待人處事和生活的態度，完全不像學佛的人。原因是，佛法不離紅塵，它用來修持實踐，不是用來閒聊研究的。

有人始終不能把佛法跟生活連接，看來沒有受益，當然不能稱為善知識。彷彿讀完高中物理課，有了充實和基本電學常識，一旦家庭電路出問題，立刻慌了手腳，不知怎麽辦才好？因為他沒有把電學原理落實在日常生活裡。受害這種知識障或文字障的人很多，如果不會警惕，無異還沒有踏入佛門一樣。

譬如無常是佛法的重要項目，真正的用意是叫我們平時不要浪費時間，重視一分一秒的用處；天下事物沒有不變，切勿把無常看做永恆，免得煩惱和損失一輩子，這方面的實例，簡直不勝枚舉。

然而，世人偏偏不留心，或太顢頇，不自覺無常在生活上的角色和存在。

佛經義，有不少關於無常的精彩解說和譬喻，頗能扣人心弦。它的精義可從法顯譯的《大般涅槃經》卷下看出來，那是記載佛陀入滅時，告誡弟子們的話：「諸行無常，是生滅法；生滅滅已，寂滅為樂。」這句無常偈的大義是，世間的萬物，全部不能逃離常住不壞的法則，有生必有滅；那麼，只有超脫這個生滅世界，才能得到寂靜的真理。另外，還有一首膾炙人口的無常偈，也值得說明。

那是《大智度論》卷十二、《百緣經》卷四上記載：釋尊前生做過一位雪山童子，當他雪山裡修行時，為了要求從釋提桓因所變的羅剎那裡聽到無常詩偈，竟肯從樹上投身捨命。這完全應驗「朝聞道，夕死可也」的求道精神。

不但萬物在生滅流轉，永無靜止，而且，變遷得非常迅速。這一點可從《雜阿含經》卷四十七的一句話得到證明：「諸比丘，命行遷變倍疾于彼導日月神。是故諸比丘，當勤方便觀察命行無常迅速如是。」還有一本《御選語錄》卷二裡，洞明妙智永嘉覺禪師也說過一句極有分量的警誡語：「生死事大，無常迅速。」從此，難道我們還不能領悟歲月不饒人，人生變遷迅速的道理嗎？

我覺得世人很傻，明知生命有限，每時每日都在無常的陰影籠罩下，竟不懂得抓住最重要的，反而醉心於無關緊要的事，結果，得不償失，空呼奈何。譬如青春難再，本是用功的好時光，倘若虛度光陰，白髮斑斑再去上學，即使有雄心，效力也會大打折扣，不論記憶或注意都會不如前，說不定忘的比學的還快呢。

同樣地，世事難料，眼前即使不得意，暫時受挫，內心也不必慌張，它不可能永遠不離去；反之，現在的歡樂得意，也不保證終身如此，誰能預料明天或下個月照樣寫意呢？半個時辰前，萬里晴空，剎那間，烏雲密佈，雷聲隆隆，雨下如注，成了落湯雞，所謂「天有不測風雲，人有旦夕禍福」並不是嚇人的。

詩人墨客，對於無常的事實最敏感，只聽他們仰天嗟嘆：「人生如夢，譬如朝露。」或者背誦佛經的話：「世事如影如電，如幻如泡。」只會有感觸，而不懂得正面運用或進一步開竅悟解，還是沒有受用。

上周閱讀家書，獲悉昔日同事，正在一所中學任教的林老師，體格健壯，既無不良嗜好，又逢英年有為，居然患得肺癌死了，遺下老母哀兒。另外一位芳鄰A女士，年過四十，風姿猶存，但，她常常嘆氣大學時代多麼風光，參加過中國小姐競選，現在嫌身體太胖，不適宜裝扮，她似乎忘了青春的剋星是無常，稍縱即逝，還留戀過去幹什麼呢？

記得四十年代後期，美國富甲天下，全球財富都集中在這裡，誰知世事無常，風水會輪流轉，現在成了世界上最大的負債國，為龐大的赤字，叫苦不迭。國家如此，個人豈能例外？無常的力量最大，誰都不可抵禦。

某年開大學同學會，席上某君說：「張兄現在是全班最有錢，也最成功，他有土地一大片。」對方聽了喜形於色，略呈傲慢狀。兩年後，經濟蕭條，地產暴落，他的土地賣不出去。更慘的是，他忽然中風躺在床上，差一點兒丟掉性命。同學們去探望時，他掉下淚水說：

「我的退休金用來繳地價稅都不夠，現在，手腳也不能動，什麼歡喜都沒有了。」這不是無常在作祟嗎？

正在北加州宏法，到處勸人念佛的林鈺堂居士，也對無常有一段深動的敍述：「平時大家提到修行，都說等我孩子大了，等我退休了，等我……慢慢來呀，平時我們過的是常態生活。其實，一切是無常，難以預料和持久的。我們去墳場超幽時，看看那些墓碑。你別以為自己還年輕，那些墓碑上年輕人也很多。甚至有幾個月大的。你們有什麼地方比他們特別呢？我們平時過日子，只看『常』的一邊，忽略另一邊的『無常』。你以為它不會來的時候，它偏偏就來了。例如我有一個朋友黃博士，也是佛教徒，他說將來退休後要怎樣修行。不料，去年車禍死了，他才三十八歲。就像這樣，無常不是只會發生在別人身上，也隨時會輪到自己。認清無常的事實，才是理智的做法。」

說得恰到好處，應該奉行好。

《法句譬喻經•無常品》有六篇故事，篇篇都是佛陀教示我們要正視無常。現在，讓我提出兩篇《無常品》來共勉。

第一篇大意是：且說天帝釋提桓因的五種天人瑞相忽然消失了，他自知天福快要享盡，而且將會投生到一個製陶人家的母驢胎裡，因此，他非常擔憂。……天帝想到三界裡，只有佛陀才能解救自己的苦難，於是，他忙著趕去靈山見佛陀了。

佛陀正在禪坐入定，天帝見到佛陀，跪地頂禮，誠懇皈依佛法僧三定。

但在天帝跪地起身之前，他的神識忽然離身，投到一製陶人家的母驢中。那時，母驢自己掙開繩索，四處亂跑、踏碎許多陶器。主人氣憤地打牠一頓。結果，打掉牠的胎氣，此時，天帝的神識又回到身上，而且恢復了五種天人瑞相與天帝之身。

佛陀出定後，讚嘆地說：「你能在死前，皈依三寶，罪障已經消除，不會再受苦了。」

接著，佛陀又說：「世間事都是無常，每個人有生就會有死，只有寂滅的不生不死，才是常樂。譬如製陶人家造好的陶器，最後還是被弄破，人的生命也如那陶器一樣。」

天帝聽了佛陀開示，歡喜奉行，證得聲聞初果。

第二篇大意是：佛陀在舍衛國祇園精舍宏法時，國王波斯匿的母親，病重去世，國王辦完喪事，順道來精舍頂禮佛陀。

佛陀問他為何穿著粗衣，也變得消瘦呢？國王向佛陀解說一番。

佛陀告訴波斯匿王說：

「從古至今，世人有四件可怕的事：即有生就會老，病了就消瘦難看，死後神魂會離體，死後要永別親人。萬物生滅無常，總是不如人意。時間一去，永不回來。人命也像時光一樣。流水一去不回，人命飛快的消逝，也像流水一樣，不再復返。

世間正是如此，沒人能不死常存的。從前那些國王、修行者、仙人，如今都不在。所以，空為死者悲傷，徒然損害身體罷了。孝子要哀慟死去母親，就應該多多作福積德，來迴向超度她，這就像給遠行人送飯一樣。」

波斯匿王和大臣們聽了，都歡喜地節哀忘憂，奉行教法。

慈濟功德會洛城分會負責人之一的林小姐，原在台灣做房地產，因為不景氣，整天為錢奔波，才想換個環境，來美國散散心。誰知來美國不久，又恢復以前追求財富，拚命鑽錢的日子。一天，她回花蓮請示證嚴法師，怎樣破除個人的名利關？法師用「無常觀」開示，就是「萬般帶不走，唯有業隨身」。後來，她一面打工、一面把錢寄回台灣，用次子名義捐出一間病房。

可見，無常觀多麼實用有益。

8 如何在美國弘法？

——錫蘭照初法師的觀察

我認識照初法師快要六年了，最先，我只知他是錫蘭國籍，會說非常流利的中國話，能用中國話講經弘法，更兼一手好廚藝，能做出大家讚不絕口的素菜，獲得許多中國佛教徒的敬仰，真不容易。之後，我又發現他通曉英文、巴利文、梵文和日文等多種語言，而且能以流暢的英語向美國人弘法，收了不少美國信徒，在我認識的華裔佛教界裡，真正能用英語向美國人弘法者。實在屈指可數。尤其，像照初法師那樣修持嚴謹，佛學造詣深厚，多才多藝者更像鳳毛麟角，非常難能可貴。

我初次見到他，他還在洛城的法印寺掛單。不過，他的志向遠大，不會長期寄人籬下。他的辦事能力很強。又善與中外人士結緣，不到幾年，他果然擁有一所道場——菩提寺。從此，他無異蛟龍得水，在弘法事業上可完全依照自己的興趣大展鴻圖了。可惜，美國的工作壓力重，生活緊張，照初法師也不例外，弘法之餘，他也不得不為生計奔波，同時，還抽空進加州大學深造。他頗能入境隨俗，平時非常留心美國的社會特徵。

因為他的語文程度好，英語通行無阻，才能結識許多洛城的美國知識份子。他不止一次提到：「加州大學有好幾位傑出的教授，純粹站在學問的立場讚嘆佛教，不違反邏輯，非常合理。」言下不勝欣慰，可見他不時向學校的教授們談論佛法了。此外，他經常手上拿著一本書——Buddhism（Edword Conze）向我推荐，那是目前美國好幾所大學的佛學課程採用的教本，對南傳北傳佛教有客觀評論，值得精讀，並且鼓勵我早日譯成中文出版，可以利益中國佛學界。可惜，我日夜忙碌，無力中譯，時時引為憾事。

掃除傳統迷霧，認清佛教本義

菩提寺離寒舍不遠，我每次到超級市場購物，都會中途下車，進去請教他南傳與北傳佛教的差異。他的心地慈悲，有問必答，答也詳盡。有一次，我聽他輕輕地嘆口氣說：「中國佛教混合了不少中國原有的文化、風俗、神話和迷信，有些已經不是佛教，甚至跟原始佛教相背。當然，這是難免，但讓人分不清楚佛教的本義了。」

這樣的話，難得在中國佛教圈裡聽到，只有出身南傳佛教的照初法師，曾到中國留學幾年，才能站在旁觀者清的立場，敏銳地觀察出中國佛教系統的特色與缺陷，道出精闢與客觀的意見。可是，中國佛教徒聽了未必肯接受，甚至很不高興。

五年前，我們因緣殊勝，有志一同籌組佛教弘法中心，擬在美國推動佛教的現代化、生活化和大衆化，推舉他做會長，領導我們大力向以天主教和基督教為主的美國社會弘法。其間，我們出版幾本中文佛書，當然還要發行英文刊物，不久限於財力，未能如願。現在，照初法師卻獨力出刊中英文的佛學雜誌，真正向美國人宣揚佛法了。這番壯志與魄力，我十分感動。他有時為了中文的潤筆，居然謙虛地駕臨寒舍，移蹲就教，我實在愧不敢當，除了對他湧出一份恭敬，只有自責做一個三寶弟子在弘法事業上不夠積極，不夠賣力。

我們每次談到美國弘法問題，他都有相當的心得和卓見。首先，他要我們反省傳統的弘法方式：「在蓋廟，組織佛教會或開始一切弘法活動以前，先要弄清楚佛法的真諦，別把本國的習俗和迷信等放進佛教裡，也要拋棄與佛法無關的修行法，有些根本違反佛法，別以為那是古人修持的經驗……。」

今天在美國宣揚佛教，神話故事不適用，有些民間宗教強調神通，更不是佛教了。美國的出家人逐漸增加，其中以日本日蓮宗的傳教士最多，他們的傳教方式比較適合美國社會，不用本國的傳教方式，而且團結合作，收效才更可觀。照初法師對於佛教徒平時很少跟美國人交換信仰意見，也頗不以為然。事實上，許多寺廟法師遇到有人問起，才解釋佛法，而不會主動視地點、時間，和場合向美國人宣揚佛法，不太積極透露學佛的好處，這樣在美國很難傳播佛教。尤其，他們不談社會問題，不關心美國的青少年，離婚墮胎，種族，吸毒和戰爭等活生生的問題，也似乎缺乏這方面的常識，孤陋寡聞，生活與社會脫節，這樣更不容易向美國人弘法了。

積極主動，以理性思考和實用觀點引導美人進入佛法

照初法師常常嘆息，美國除了像紐約、洛杉磯等大都市比較容易看到佛教寺廟，遇得到出家法師，郊外和中部，北部邊遠地區實在不易看到弘法的蹤跡，那裡的人沒有機會學佛，更不要說有懂英語的人到那裡去弘法了。所以，他時刻鼓勵英語好，又肯奉獻弘法事業的佛教徒，到那些地方去發展。

有一天──那是陰暗悶熱的下午，我陪著兩位久慕照初法師的佛教徒造訪菩提寺，照初法師一見面就用道地的中國話，道出自己向美國人弘法的感觸：

「我一直鼓勵美國朋友學佛，從來不逼迫他們，也完全依照他們的志願。但是，我總會先把佛法的優點講清楚，讓他們懂得觀察自己的缺點，會反省自己的需要，才可以理智地選擇自己的信仰與歸宿。譬如有些宗教相信上帝和靈魂，一切教義都以上帝為主，很多問題不能問，這樣等於控制人的思想，如果，信仰這種宗教，自然沒有機會檢驗更合理的答案。我說佛教卻能合理地解答一切問題，這樣，才符合人類愛好思索，尋求答案的天性。所以，那些美國朋友也漸漸喜歡接近佛法了。」

真是一針見血的話。

當我們請教他一般美國人對於佛教的看法時，照初法師也提出自己的心得：

「現代的美國人雖然對生活、人生感到茫然，甚至惶恐不安，很需要宗教的力量來慰藉和指引。但是，他們卻也公開批評佛教是亞洲宗教，一種邪魔概念，待他們了解佛法後，始知八正道、四聖諦與人生有關，無疑比基督教的解釋更圓融、更合理。同時，知道佛法與現代科學不衝突、不矛盾，毋寧說，很符合科學精神，不像其他宗教那樣害怕科學，不允許信徒提出問題。所以，美國知識份子接受佛法的傾向愈來愈明顯，也愈加熱絡。」

聽了照初法師的一番敏銳觀察，與經驗談，更激發了我們在新大陸弘法的信心與意志。

傳統淨土宗要人一心念佛，可以消除煩惱，獲得解脫。光是這樣，不容易顯示佛教有何超越基督教的地方，生長在基督教傳統的美國人，又何必改信佛教呢？基督教和天主教也主張祈禱上帝，可以得到寧靜，沒有苦惱。何況，美國到處都有教堂，方便參與，不像佛堂那樣難得一見，這是部份美國人無意學佛的原因之一。關於這一點，照初法師說：

「與其一直要求美國人放棄祈禱上帝，改念阿彌陀佛，不如替他們找出煩惱的原因，提供實際解決的方法，比較合理可行。因為美國人習慣用理智判斷事情的因果，給他們講明白，讓他們慢慢了解事情的因果。」

這恐怕不是中國佛教體系出身的法師們習慣採用的方法，但在美國弘法要重視這一點。

又有一次，我趁他空閒片刻，也到菩提寺請教他關於禪的問題，這是眼前在美國最熱絡的一門。

「打坐重視內在的修持，要有相當的耐心和意志力，恐怕不適合美國人活潑好動的天性吧？」

「先要讓他們明白初步的打坐要訣，不能先講禪的境界和好處，美國人講實際，一定要讓他們親自體驗到打坐確能收歛散亂心。解除緊張、輕鬆身體。那麼，他們一定歡喜再來……。」照初法師答道。

不可否認，這也是部份美國人為了好奇，急著要得到實利而接近佛法，難道這不是一種弘法的方便嗎？

照初法師坦述許多美國人的信仰由家庭決定，這個原因很容易明白，這裡是基督教國家，自幼在這種宗教家庭長大，受到父母的影響，自然沒有機會，也無意去接觸其他外來的宗教了。如果佛教徒能夠善用機會，讓他們去做比較，也是一個契機或方法。譬如基督教裡一切講上帝，沒有因緣觀念。倘若能夠列舉事實說明，有人會很冷靜而理智地發覺它的合理與正確，這樣解釋果然比神或上帝更圓滿、更有科學根據。甚至有些美國知識份子反而覺悟從新的存在，變成「政治領袖」一樣，威脅人的思考和心理。

這話果然不錯。記得有一天，我參加西來寺的法會，在熙攘的人潮裡，認識一位美國白人，他是在某大學任教的地質學教授，我好奇地問他學佛的因緣時，他在欣喜之餘，顯得有些激動地說：

「佛法的科學原理打動我的心，改變了我三十多年的宗教信仰。佛法的成住壞空，和緣起緣滅，無異地質形成的過程，站在專業知識的觀點，我完全信服佛教。那不是誰發明的，也不是誰製造的。佛法是佛陀發現的，我那有理由反駁？若硬要否認，等於硬要推翻科學原理一樣。」

難怪他說完話後，臉上自然流露一副滿足安祥的表情，我猜他的內心一定很受用，很歡喜。

美國社會需要佛法

離婚率太高也是美國社會病態之一，據說加州最嚴重，每年高達二分之一左右，有些離離合合好幾回，視婚姻如兒戲。換句話說，破碎家庭，傷心男女和可憐幼童，比比皆是。這樣的情況，怎樣用佛法來挽救呢？照初法師說：

「有緣結合，緣盡則散，本是佛家的解釋。男女當事人單純地依這個方式離合，也有一個程度，何況，還會牽涉到子女教育和成長，這才是關鍵。在美國，離婚後的子女皆由母親扶養，不僅增加母親的經濟困難和壓力，造成男方的無責任心，也讓缺乏父愛的孩子，在不穩定的家庭長大，養成失常人格，不平衡的情緒，影響社會和諧，這樣惡性循環，當然不好。那麼，我們可用佛法解釋正常人的生活方式，多方配合，研究離婚原因，用多種方法治療，防止離婚，使他們生活圓滿。但，也不是絕對不允許離婚。」

美國是科技化、物質化的社會，也許開發中和未開發國家都在模仿美國，凡是美國的制度、觀念和發明，都被人搶著要。初來美國，看到這裡有寬闊整潔的馬路，優良的氣候，無垠的原野，……適宜居住，也有公平的法律和福利保障，簡直是人間天堂。如果住久了，卻發現美國人未必完全幸福，常常有些奇怪的現象，不論公寓裡、汽車內、馬路上，……有太多精神病人。

儘管有些人手上拿著聖經，照樣口中念念有詞，披頭散髮，一副狼狽相，令人不禁好奇基督教的社會裡，怎麼有這樣高比率的精神病患呢？而且，從電話簿上也發現美國的心理醫生、和社工人員特別多，那麼，這裡正需要佛光普照來溫暖到處可見的可憐衆生了。

（編者按：美國的心理醫生和社工人員特別多，固然顯示美國社會有此需要；但另一方面，也顯示心理諮商和社會工作在美國已充分專業化和精緻化。佛教界應了解這個趨勢，加緊網羅這方面的人材，對落實弘法利生的工作，極為重要。）

不消說，這是過份重視物質生活，內心空虛，對人生感到無奈，對社會感到無力下的結果。那麼，這該怎麼辦呢？我經常跟照初法師討論這個問題，也一直聽見他用十分憐憫、而又充滿信心地說：

「這可以證明佛法能在美國立足，應該發揚，前途看好。這裡特別有錢的人怎樣生活，我們接觸不到，也無從得知，一般人啃麵包不成問題，大家都吃得白白胖胖，營養充足。可惜，美國人恣情縱欲，感官的娛樂到了極點，違背了身心平衡的原理——也就是佛法的中道精神。美國人的心情太寂寞，人間的疏離太嚴重，精神空間太狹窄，心靈食糧太缺乏，才會出現成群的真精神病患，和無數的半精神病患。總之，部份原因出在社會制度，那是我們改變不了的，但有些原因出在宗教和教育，前者是萬事皆靠上帝解決，有時不能圓滿，不夠實際，讓人苦悶，令人絕望，最後發瘋了。後者如教育內容缺少精神倫理，只知唸那一科能賺錢，統統向錢看，一旦錢以外的方面出問題，沒有善知識來勸導或慰藉，當然走頭無路，不瘋也要瘋。整個社會都在拚命競爭，追求高效率的情況下，若無更豐富、更圓融的心靈食糧，豈非大家都會精神病嗎？」

一語提醒了我，我讚嘆他在不曾接受教條、塡壓和僵化教育環境下成長，才有這樣敏銳的觀察力，和珍貴的批判及分析力。誠然，目前美國各方面都在影響世界，世人以為美國什麼都好，有如人間天堂，殊不知美國正缺少，比任何地方更迫切需要最豐盛的心靈食糧——佛法。否則，永遠不能成為人間淨土！

9 一切成就靠信心

許多人表示，人的聰明才智都差不太多，事情成功全靠運氣。我心想，這樣說法未必中肯，勿寧說，靠信心比較適當。還有一句成語是「堅強意志」，依我的解釋，等於信心十足，或滿懷自信的意思。兩句文字雖有差異，事實卻指同一現象，都在強調信心，與自信的重要。總之，做成一件事要時間，但做大事要長時間，途中都會遇到各種困難，若不充份地相信自己，全心投入，絕不會成功。有人能百折不回，愈折愈堅，無非有信心做後盾，對自己不起疑，才能堅持下去。人活著，或做事情，信心太重要了。

我相信任何人在家，或在校，從小到大，都受過父母、師長、長輩或朋友們充實的信心教育，這方面恕我不再贅述。

佛經上對信心解釋得很多，《雜阿含經》卷二十六有一句話：「何等為信心？於如來所起信心，深入堅固。」表示信心是學佛的起步，把它放在五根之首——信、進、念、定、慧。《華嚴經》卷十一，和《大智度論》卷一，都把信心譬喻為人的雙手，即使某人已經知解佛法，倘若缺乏信心，彷佛無手的人，空入寶山，得不到一件財寶。真是恰當的譬喻。

《仁五般若經》卷上，也把信心看做菩薩行的原點，放在菩薩位的前面。仔細一想，這非常有道理。因為一開始沒有信心，即使勉強踏出第一步，也不可能繼續向前走，最後，還能成就菩薩行嗎？

日本的淨土真宗，自稱信徒幾千萬，道場遍佈海內外，殊不知他們開宗明義，強調信心為本，要以他力迴向信心，當做往生淨土的正因。可見信心不是什麼神秘的宗教術語，只是人人都能接受的做事方法罷了。

我看過幾本佛陀傳，據說釋尊誕生落地時，走路七步，喊出：「天上天下，唯我獨尊」，姑且不論它的真實性，但，這是何等壯志和雄心，表示十足的信念和遠大的願望。

我住在台灣竹東鎮時，認識一位郭姓婦產科醫生也是佛教徒。一天，他像勸誘，又似指點，語氣溫和地說：

「只要對佛菩薩有信心，他們自然會來護祐你。你心裡不信，一直起疑，完全沒有他們的影子，他們不會來害你，但也絕不會護持你。」

從此，我的信心誠執不二，堅持至今。

不僅學佛要這樣，做事亦不例外。因為自信是成功的一半。而且，成功後更能使信心大增，湧起萬丈豪情。之後，步步前進，讓信心與成就相輔相成，就能走到成功的頂峰。俗語說：「萬丈高樓平地起」，但，建樓爬梯以前，非具有巨大的信心不可。

有一位心理學家警告：「人的成功並非全靠能力，無疑自信比較重要。」

說真的，一開始畏首畏尾，小看自己，低估信心，這樣會有出息嗎？軍隊的指揮官最清楚，勝仗靠鬥志，也靠士氣，說穿了都是依賴信心，所謂士氣如虹，先聲奪人，正是用信心壓倒對方。否則，即使手持最好的武器，沒有信心，等於高估敵人，一上戰場，手腳先發軟，這個仗還能打嗎？

關於信心的例子，給我印象最深刻的是，六十年代我到日本留學。

有一次，師生課後話家常，我談起台灣寫論文時，指導教授是留學英國，某科目教授是美國著名大學博士，表示教授水準不差，都是留洋回來。

不料，日本師生聽了毫不稀罕，反而稱讚現在任課的日本某教授，出身本國那所學校？有那些成就？絲毫不以為外國學校或留學有什麼了不起。或者說，他們心目中比較重視本國的學歷和學術成就等，如果提到外國某教授的卓越著作時，他們也能平靜客觀地據理批判，而沒有半點兒一面倒的崇拜，語氣間，表示自己不久也能壓倒對方，信心十足，沒有任何自我矮化，或不如人的羨慕心態。

當時，我還認為日本人未免太傲慢、太倔強、太狡辯，誰知日子久了，始知他們原來對自己有十足信心，對前途很樂觀。即使明知現在不如人，不但不自卑、不氣餒，反而面對現實，無怨無愁，埋頭苦幹，以最大信心鼓勵自己，向成功的極限挑戰。

譬如明知本國土地狹小，資源貧弱，也照樣對自己的土地、文化、智力和民族，充滿著信心，懷抱著期望。起初，我暗笑日本人什麼都要爭取世界第一，簡直不自量力，到底有何德何能，敢跟那些地大物博的強國一較長短？

不料，三十多年來，細察他們的成績表現，諸多事實證明他們不是說大話。這是信心使然？還是才智比別人強呢？當然，前者才對。

（編者按：日本人對歐美科學研究成果的引進，非常完整而快速，況且自明治維新以來早有長久現代化的歷史，戰前的工業發展，已居世界先進水準。讀者務必了解這個事實，避免因封閉、無知而產生義和團式的盲目信心或腐朽的自大心理。又，日本人在人文領域的「信心」，有些是出於狹隘的偏執，不足為訓，必須分別而論。）

記得我上大學時，台灣的美援停止，同胞們驚慌一陣子，幸好領悟求人不如求己，馬上面對現實，拾起信心，果然，創造了今天聞名於世的經濟奇蹟。同樣地，今天仍要靠信心，同舟共濟，才能邁向已開發國家的行列。政治何嘗不然？對民主有信心，自然不怕外敵和謠言，照樣會成就民主國家的範楷。

一天，我難得在西來寺遇見星雲法師，蒙他面贈演講集兩巨册，其中第二册談到信心，見解精闢。他說，人的信心，從靈感、福德、慈悲、慧解、體驗，和見性中增長。實在是他的經驗之談，我自認比較接近慧解，因為我了解三世因果，緣起性空，彷彿鐵的事實，豈能不信？愈信愈誠，學佛的好處和受用從此生焉。

我桌上放一本小書——《證嚴法師的慈濟世界》，每次看後，都令我認同一件事，她當年幾乎雙手空空去台灣東部創業，三十年來能有今天的成就，其間，固然靠她的毅力與悲願，不可否認的是，起先應該有一顆「信心」。

我想，人若失去信心，無異失去了明天。這樣，還要活下去幹嘛？

10 家家都有本難唸的經嗎？

幼小時候，我常聽大人說：「家家有本難唸的經。」馬上心裡懷疑，「那是什麼經呢？」因為我對佛教很陌生，真不知道它是那一部佛經？直到有一天懂得它的意思，才啞然失笑了。我結婚成家，上有父母，下有妻兒，自然成為一家之主，雙肩挑起生活擔子，在茫茫人海中前進，也更一步體會那部經，果然深奧難唸。同時，發現許多家庭因為唸不下去而吹散，造成家庭破碎的悲劇。

在家裡，除了孩子不懂事，事實上，每個人都會感受這部難唸的經的威脅。有些家庭束手無策，始終克服不了它，有些家庭的情況稍微好些，相反地，真正能夠輕易讀懂這部經的家庭，幾乎鳳毛麟角，絕無僅有。

現在，我要推荐一本萬能字典，若能靈活運用，也就不難幫助世人讀懂那部難唸的經了。尤其，這本稀有、智慧、紮實，又萬全的活字典，不僅有生字和成語解釋，指出苦難的因緣，以及解決方法，還能引人進一步了解全篇大意，領悟它的精華，而得到意外的好處。所以，每個家庭只要具備這本字典——開智慧、打破無明——，自然不怕一切難唸的經了。

佛教說，人間苦海，尋求解脫，若能輕易得到這部活字典，克服難唸的經，不正是得到解脫了嗎？

恕我直譯，話題本意是，每個家庭都有自己的苦處困境，包括生活、錢財、子女、感情、教養等多方面的痲煩，有時表面上不明顯，成為潛伏性，不如外人看得那樣輕鬆。他們還是天天難過，而天天都要過下去。

譬如有一位新竹縣的客家同鄉——李先生，來美國前後廿五年，包括留學、結婚和做事的青年壯年都在美國渡過，算是一位老美國了。他的妻子也是同鄉，家裡有兩位念小學的女兒。他在北加州海邊風景區擁有兩座價值千萬的大旅館，事業很成功。在功利主義的美國，對華僑或美國人來說，他的成就的確令人羡慕，令人敬佩。

一天，我在偶然的場合裡跟他聊天，結果，發現這樣富裕又健全的家庭，也有一本難唸的經。我聽李先生幽幽地嘆口氣說：

「太太也是早期留學生，脾氣本來很好，婚後生下兩個女兒，家庭生活還算幸福。不幸，在十年前的一次車禍中，太太受傷殘廢了。如今待在家裡無法勝任主婦的職責，有時還要請專人服侍，她的脾氣自然也愈來愈壞，簡直到了喜怒無常的地步。這樣，我的事業上也少了得力助手，本想送她長期在醫院，不見到她為妙。無奈，女兒年紀還小，常要找媽媽，而我又沒有兒子，夫妻年過半百，總覺得這種日子不快樂……。」

果然是一部難唸的經。一向不善言辭的我，碰到急需的情況，也能勉強安慰人家幾句話。於是，我說：

「夫妻結合是幾輩子修來的緣份，不要輕言離棄或破壞。如果她車禍死了，又是另一回事，現在受傷在家，身心受到重創，當然要你來關懷服侍，因為前輩子雙方有過不愉快的接觸或虧欠，今生相逢才要相互補償，純粹是一種業報的結果。你不必嘆氣，應該加倍體貼她安心療養，雙方要白頭偕老。這對你是一種考驗，利用機會種下善因，將來才會得到善果。有溫暖和諧的家庭，才有健全成熟的子女。父慈女孝，天經天義，這個年頭生男生女都一樣，只要將來善體父母的心意就好了。龐大的家財，生活開銷足足有餘，多行財施，廣結善緣，對你自己和家屬都有福報……。」

這個解釋來自佛教字典的話，看他微笑地點頭，似乎很有信心克服家裡那部難唸的經。

*　　*　　*

人生何處不相逢，無異人世間的佳話。我有一位姓陳的小學同窗，彼此在台灣三十多年不曾見過面。不料，在美國茫茫人海中，忽然會在一個小鎮上碰面。

當時，雙方的驚喜不在話下，也真正體驗到「他鄉遇故知」的可貴可喜。促膝暢談以後，才獲悉他前來美國的不尋常因緣。

他只有小學的學歷，一個英文字也不懂，而且手腳笨拙，膽子又小，至今還不會開車，簡直不適合這裡的生存環境。無如，他憑自己的專長——麵包師，已經開了兩家麵包店，生意都很興隆。更可佩的是，他當年攜家帶眷，言語不通，身上僅帶幾千美金，就敢貿然來美國，這個錢都只能在都市裡生活三個月，如今他竟有了相當穩固的事業基礎，而且，夫唱婦隨，兩個女兒也很聽話，這不是很寫意的生活嗎？

開始向他道賀時，他也得意地笑起來。誰知從以後的交往裡，他才逐漸透露當初是因為逃債，支票不能兌現，怕親友上門逼債，才慌忙來美國避債……幸好，他有三十多年麵包師的實際經驗，技術老到，他說只要用鼻孔，都能判斷調製出來的麵包好不好吃。

起初，洛城一位華僑高薪聘請他，工作了幾年，逐漸有了儲蓄，然後跳出來自己經營，生意從此發跡起來。我問他目前事業成功，今後是否要更上一層樓呢？他沈默了片刻，才低聲告訴我：

「因為你是老同學，我才敢老實告訴你。我欠人的一大筆債至今還沒有還，平時，很怕到華人區碰到熟人，也一直不敢回台灣，一切眼不見為妙，目前，我雖然生活過得去，但也沒有能力全部還清，我想他們在台灣也不會來找我，我心裡牽掛，七上八下……。」

原來，他們也有一本難唸的經——還債。

我開始搬出那部字典來開導他，正式替他指點迷津了：

「吾兄差矣！借債還錢，乃是天經地義的事。你這輩子不還，下輩子也要還，而且連本帶利，絕對不能抵賴。即使眼前沒能力償還全部，至少也要分期還清，還要向對方表明心跡與誠意，一方面安慰債主，一方面也能讓自己心安，來到美國鄉下東藏西躲，即使逃得了法律制裁，和債主的追蹤，卻逃不掉因果。何妨想一想對方因為你逃避，而被迫妻離子散的情形，豈不是你在造孽？這樣，對你對他都傷害太大，你還是回去面對債主，商妥解決之道才好。」

我同時舉出一個實例，給他做參考。

在我孩童時代，適逢台灣光復不久，社會很混亂。一位鄰居是有名的拳師，收了幾名徒弟，人人都畏懼他。拳師經營屠宰業，在市場賣豬肉，家有老母和十幾個小孩，生活十分艱苦。幾年後，生意做不下去，還欠人許多錢，債主因為他會打拳，又有徒弟，被欠了債也不敢上門逼債。同時，他也確實還不起。大家以為這筆債就這樣不了了之。

但是，過了二十年，直到拳師的一群兒子長大，有了工作收入，他才根據當年的帳簿，一家一家去還錢，也加些利息。這時候，有些債主都死了，死前也不曾交代孩子。所以，當拳師把債款和利息送上門時，後生晚輩莫名其妙，經過拳師的解釋和道歉，對方反而安慰他：「我們現在不需要用錢，你如果還有困難，不妨再拿去用。」雙方說話的場面，實在令人感動極了。過了兩年，拳師以七十高齡去世時，早就沒有債了。

我的小學同窗聽了，臉色也開朗起來，似乎有信念解決內心七上八下的困惑，我猜他以後一定會讀通那本難唸的經。

＊　＊　＊

打開今天的世界日報——一九九〇年七月十六日，我發現一則消息，原是中國人家庭常有的問題。在台灣，我屢有所聞，但不如美國華人家庭那麼多，因為這裡有太多台灣同胞拋棄原來的舒適生活，千辛萬苦來到美國奮鬥，為的是帶孩子來受教育。所以，孩子上學發生困擾，無疑是許多華人家庭一部難唸的經。

這則消息是一位王先生的投書，根據內容，不難明晰地看出這部經的疑難與焦點，同時，也發現它們能靠佛教智慧來解讀。現在，我把那封投書抄錄下來：

林博士：

我和太太兩人整天忙著做生意，為了兒子的教育問題，我們省吃儉用在一個好學區買房子搬去住。可是，自從換了學校之後，我那十四歲的兒子變了，成績每況愈下，心情經常悶悶不樂，並且拒絕跟我們出門，好像很恨我們的樣子，不知道我們那裡得罪了他。我們做父母的拼命工作賺錢，還不是為了他好，他怎麼可以如此對待我們。難道給他換好學區，督促他用功，叫他的朋友少打電話干擾他，也是錯嗎？（南灣王先生）

報紙上，常常提到「代溝」的存在，我想這也是代溝現象之一。有些父母十分執著自己的觀點，習慣和思想，硬要下一代完全接受他，而毫不考慮時代在變；習慣和觀念也在變，孩子的世界未必跟父母的世界完全相同。當然，我們很同情天下父母心，誰都是這樣。其實，每個人的根性都不同。譬如將與相同為國家的棟樑，但生性和作風未必相同。俗語說，「天生我才必有用」，怎樣令他身心健康和愉快，才是首要的關懷。

有些孩子不一定適宜在明星學校，反而會在普通學校受益更多，所以，不要執著明星學校一定對自己的孩子有好處，也許效果相反。凡事都有因果，兒子反應出來自己的意願，顯然潛伏有某種原因。所以，先冷靜分析原因，再做客觀處理。

這部存在許多家庭裡的難唸的經，其實，也未必很難唸。

* * *

有一位汪先生離我家居五十步左右，開了一家雜貨店。每逢生意比較清淡，或有兒子在店裡，他都會抽空來舍下聊天。三年前，他過了耳順之年，其實，他的頭髮若非染色，早在十年前就已經白髮斑斑，看似七、八十歲的老者了，自從今年初開始，他不像平常一樣有說有笑，反而常常沈思、嘆氣。

我覺得奇怪，忍不住問他原因。他又嘆了口氣，很不開心地說：

「我們移民到這兒整整十年了，沒有過一天安樂日子，天天作業，也為兒子操心。回想我們在台灣的生活舒服得很，台視剛剛成立不久，我們家就有了電視機，我在林務局做課長，太太在郵局當主任。所以，我們早有汽車洋房了。我們出國時，那棟房子只賣一百多萬元，如今價值八倍以上。我兒子在國內不愛讀書，為了給他換個環境，想不到來了美國還是不喜歡讀書，我氣得要死……朋友的孩子都進了名校，拿到碩士、博士，我兒子專科畢業，反而喜歡幹警察，害我的臉不知要往那兒擺？……唉！最近身體特別不好，老毛病又多，真使我意志消沈。奇怪得很，近來的客人好像電話約好似地，忽然沒有什麼生意了……。」

說到這裡又聽他嘆息兩次。

說真的，這部經並不難唸，我馬上給他講解了。

「古代高僧留下一句名言是：『一日不作，一日不食』可知人人都要工作，不僅為生活，也為了樂趣。但若貪財，而捨不得休憩，天天開店，工作到深夜，不懂調劑身心，那是本末倒置，變成為財而死，錢是賺不盡的啊。你這樣留戀往事，執著留不住的東西，結果是自尋苦惱。來到新環境，應該入境問俗，一切隨緣，這裡是工作神聖，先要改變自己的觀念，因為時間和空間都改變了，你還執著它們幹嗎？

把無常看成永恆，正是苦惱的根源。譬如你店裡生意時好時壞，本是市場的起伏變化，誰也掌握不住，你嘆息什麼呢？我知道你兒子個性耿直，熱心助人，正是當警察的好材料。在美國幹警察，能夠執法如山，受人尊敬，待遇也不差，有什麼不好？讀書人走學術路線，不愛讀書的人，也有自己該走的路，條條大路都可以直通羅馬，只要幹得出色，每種行業都被人肯定，如果不按照自己的性向、興趣發展，而偏愛趨向時髦，最後會懊悔的。

你知道我的車子是標準老爺車，三十年前的豐田牌，到現在不是這個壞了，就是那個不行，需要修修補補。人的身體何嘗例外，年歲大了，當然不似年輕時候健壯結實，也需要相當保養，甚至要被淘汰，因為逃不掉新陳代謝……

你天天哀聲嘆氣，莫名其妙，正是佛教所謂無明，才有顛倒念頭，產生苦惱……。」

只要他肯聽我的分析，他這部經根本不難唸。

*　　*　　*

今天是洛城幾十年來，暑熱達到最高峰的日子，電視報導，華氏高達一百十八度，真是打破記錄的高溫。艷陽高照下，一鑽進轎車裡，彷彿置身烤爐中，那股沸騰般的熱氣四面八方逼著來。

我到了西來寺，正逢李教授從大殿裡走出來，我先跟他打個招呼，然後問他：

「平時看你很忙，現在有沒有空到教室去坐一會兒？」

他笑著回答：「好！」

於是，我們坐在一間教室裡聊天了。

李教授是台灣來的早期留學生，一九六九年已經得到化學博士學位，之後，一直在美國大學教書，也做過系主任，兼任學校行政，參加過多次國際學術會議。平時指導大學部、碩士班和博士班學生，在化學方面有卓越的成就。如今在加州大學任教……談話中，只聽他很感慨地說：

「我學佛四年了，才知道知識與智慧有區別。我自以為知識豐富，平時指導碩士班和博士班學生做研究，當系主任時，領導好幾位博士級教授……現在，才知道智慧的層次比知識更高更大，回想自己學佛以前，做事固執，剛愎自用，不大聽人的勸告，現在才懂得執著很可笑。凡事要隨緣，因緣不成熟，事情絕不可能圓滿成功。硬碰硬，只會把事情弄僵，甚至破碎了。早年處在洋人社會，碰過許多困擾，精神生活並不舒服，譬如系裡常常得到意外基金，教授們都可以加薪。但有人多得，有人少得。多得的教授埋怨：『我為何比他只多拿一點錢？』少得的教授也不高興：『我為何會比他少拿這一點？』我聽了很氣惱，立刻表示：『要就拿去，不要拉倒？』結果弄得大家都很不愉快，好像仇人一樣。如果現在，我會平心靜氣說得婉轉，圓滿處理，讓大家歡喜。這樣，日子一定會自在，好過一些……。」

這些話的確肯定了佛經裡的話——人身難得，學佛更難得。他言下非常慶幸自己學佛以後，人生觀有徹底改變，實際生活也受益很多。

李教授發心在美國弘法，這方面他也謙虛地說：

「我來美國快三十年了，說話和寫作的表達，似乎用英文比用中文習慣，我了解美國社會，也很清楚美國人的習性與需要。譬如聯邦政府每年花費龐大預算，用在酒精中毒者，和神經病患身上，結果都沒有什麽效果，政府也沒有其他更好的辦法。其實，佛法可以醫治這種病患。可惜，美國人不懂，心理治療中心也不會用佛法治病。依我看，在美國弘法一定要注意地域、文化、生活方式和民族等特性。如果抄襲中國人的弘法方式，一定收效不多。如只勸他們來聽佛法，或叫他們念觀音聖號，他們會覺得無聊，這樣跟信基督、信天主有什麼區別呢？何況，美國到處有教堂可去，事實也方便。美國人很講理，不妨先解釋因緣、因果、空……等佛理，他們只要覺得合理，就很樂意接受……我是科學家，知道許多科學的原理都需要用佛法來解說，才會比較有圓滿的效果。」

我說：「佛教的基本道理到那裡都不變，譬如因果報應不僅在中國行得通，到美國也一樣會發生。不過，要用不同方式和語句解釋，所以，有些佛法解釋表現了地區性。古印度的密教到了西藏以後也變質了，才形成今天的西藏密教，佛教到中國後，融合中國文化與地方特性，也不同於印度的原始佛教了。佛法西來美國以前，應該考慮弘法教材的撰寫，內容舉例要適合美國人的口味。

據我所知，西藏佛教在美國頗有名氣，卻不是靠西藏人自己來弘揚，而是得力於美國學者依靠西藏人提供的資料寫書，因為只有美國人才知道自己的社會需要什麼？自己的同胞想知道什麼？興趣什麼？靠外人來弘法，無異隔靴搔癢，效果很少……。」

在冷氣頗佳的教室裡，也許談話投機，才覺得時間過得特別快。傍晚，意猶未盡，尚有許多心得與意見要繼續溝通，但是忙碌緊張的美國社會裡，時間永遠不夠用，只好約定將來有機緣再聚會了。步出教室門檻一看，彷彿臉盆大的太陽還掛在西邊的山頂上，它也不再咄咄逼人，走下西來寺門前的斜坡，一點兒風也沒有，兩旁的矮樹如怒如狂地屹立不動，我們很歡喜今天的豐收。互相招呼一聲，開車離去。頃刻間，西來寺被拋在車後面。

一路上，我替李教授慶幸，他懂得所謂智慧，和因緣的佛理，才解決了那部難唸的經，並使他生活更趨圓滿愉快。善哉！善哉！

在塵世裡，人生猶如在火宅，受苦煎熬。不論家庭或個人，都有主觀、客觀的困難，但也不外乎環境與生活方面的煩惱操勞，然而，這些全都能用佛教的智慧來化解，只可惜在中國，佛教智慧一直不能落實在日常生活裡，才使大家不知佛教現代化與生活化的內涵。記得某位高僧口出幾句偈語，無異世間的仙丹妙藥，可以化解一切家庭裡難唸的經。諸位請聽：

今日不知明日事　愁什麼？
兒孫自有兒孫福　愛什麼？
豈知人無得運時　急什麼？
死後一文帶不去　慳什麼？
得便宜處失便宜　貪什麼？
世事如同棋一局　算什麼？
…………　…………

11 石原氏的口業與凡夫之愛

我在一本佛書裡，夾著一份從《世界日報》剪下的短評，字數不太多，我卻常常翻閱它。每當我看過一次，就會有一股難忍的怒氣衝上來，同時，也不由得一陣嗟嘆、惋惜。標題是：「石原慎太郎真會說『不』」，接受《花花公子》訪問大聲罵美，指「南京大屠殺」是中國人編造。（註一）

早在十五年前，我已經聽說石原氏在日本是一位知名作家，之後，被選上國會議員，成了政治明星。不消說，他在自己國內名利雙收，享有崇高的地位了。其間，我也看過他的一本作品：《真實性教育》，的確有精闢的見解，他的才華橫溢，只要繼續寫作，日後不難有更多卓越的作品問世。後來，他雖然當上了國會議員，我反而對他在文學方面的期待與信心，大於他在政界的發展。

不料，當我從這篇短評裡，獲悉他跟新力公司董事長盛田氏合出一本：《能夠說「不」的日本》，綜論美、日關係，很快在國內成了暢銷書。不久，他接受英文《花花公子》雜誌訪問時表示：「南京大屠殺是中國人編造的謊言。」、「美國人不知道原子彈炸死多少人，也不曉得死於核戰後遺症的人有多少……」、「手槍、機槍怎能和原子彈並論，它不是一回

事……」、「我不否認傳統說武器也會造成嚴重死傷，但美國人在日本人頭上丟的是原子彈……。」（註二）

短論裡只有引出這幾句話，我怕報社斷章取義，漏了文章中另有文章，為了滿足好奇心，我有意進一步明白真相，乃立刻寫信去東京，請一位日本朋友買下原書寄來。我收到原作後，還沒有來得及看完，東京又寄來另一本下集。上下兩集都取相同書名，也都收集有石原氏的談話記錄，但在下集的三位作者中，除了石原氏以外，其他兩位是渡部昇一和小川和久。（註三）

我看這兩本書的目的，只想知道作者，尤其是石原氏對於「南京大屠殺」的史實有什麼詳述？和特殊見解？雖然，這兩本書裡沒有石原對這方面的詳細談話，我反而發現渡部氏對這個問題的評語，他的觀點跟石原回答《花花公子》雜誌的話，同出一轍，全是胡言妄語，也是一種邪見，大大方方造下了口和意的兩大惡業。

他們明白表示「南京大屠殺」不是日本人幹的，埋怨美國人先有種族歧視，才把兇狠的原子彈丟到日本人頭上，一再淡化日本人用傳統武器殺死中國人的事，反而口口聲聲抱怨原子彈殺死日本人罪大惡極，也一再說世人誤會了日本人……但絕口不提日本人為何到別人的土地上殺人？也不說出日本戰敗後，中美兩國對他們的恩義……。

寫到此，我要順便提起一件事。那也是十餘年前我在台灣華視服務時，有一天，人事處囑我協助一位外賓當翻譯。對方名叫鈴木明，東京廣播公司來的一位編輯，也是一位作家，特地來台灣搜集寫作資料。但他說起程來台灣前，有一位姓松井的年輕朋友，特地託他去查訪一件疑案，也就是要他拜訪這件疑案的見證人——石美瑜律師。

且說他的朋友松井氏家裡經營餐廳，打從幼小開始，不斷地問母親關於父親的事，但，他的母親總是支吾其辭，不肯說明詳細，或者乾脆答說：「早就死了。」至於問她患什麼病死的？或者怎麼死的？母親都答不出來。待他長大念高中時，才從日本歷史書上發現父親是因為戰犯罪名，被判死刑，而當年判刑的主審官，正是仍然健在台灣的石美瑜律師。基於父子情深的天性，他很想向石律師打聽當年審判父親，以及父親行刑前後的詳情，他自己不能來，才特地委託鈴木來向石律師查詢。

記得我陪著鈴木到了台北羅斯福路石律師事務所，剛好石律師也在那兒，他一聽到我們的來意，突然臉色大變，反問我們：

「早已經判決的事，還有什麼疑問呢？」

我們馬上進一步解釋原因，純粹受了朋友之託，請他幫個忙，所幸石律師心地慈悲，當場說出當年審判的詳情，以及松井氏被判死刑的因緣。眼見已近中午時間，石律師好意地招待我們到西門町一家餐廳午餐。不消說，在餐桌上也重述剛才的話題，至今我記憶猶新，石律師的表情很嚴謹，聲調緩慢，一字一句都由我口譯出來：

「……戰後，我們本著佛教的慈悲，以德報怨，除了有確實證據和罪名被扣留下來，其餘的日本軍都被遣送回去。松井當初並沒有被扣留，也被送回日本……直到後來有日本人從書店裡找到有關南京大屠殺的圖片記錄，我們才下令逮捕松井，因為他是當年南京的最高司令官，讓他看了一切證據，他無話可說，知道日本軍在南京的殘暴事實，才判他死刑。倒不是因為他在殺人，而是他縱容部下去殺人，沒有好好管束，罪惡難恕，才判定他的罪……。他長得一表人材，標準的日本軍人，行刑前仍然高呼天皇萬歲……。」

這件歷史的公案，總算由石律師口裡說出來了。

之後到現在，事隔十多年，每當我從電視或報章雜誌上，看見日本兵舉起軍刀，砍下中國人的頭顱，或目睹他們用尖銳的刺刀穿透中國人的胸膛——包括男女老幼的殘忍鏡頭，我的腦中立刻憶起石律師那段話，心裡的哀傷，實在難以言喻。如今忽然看到石原的謬論，我痛心疾首他在抹煞史實，正在製造口與意的兩大惡業。

塵世上，的確有些人幸運地享有相當的知名度，他的舉止動靜，心念言語，都會給予他的崇拜者或整個社會若干影響。尤其，像石原在日本被看好是下屆的首相人選，倘若還是徒呈口舌之利，或憑生花妙筆，把滿肚子的妄念邪見，肆無忌憚地坦露無疑。這樣迷惑世人，恐怕對日本百姓及鄰近國家未必是佳音。即使他們有生之年，仍能聽到短暫的歡呼擊掌，殊不知因果仍在，說錯不認錯，一直為自己辯護，竭盡妄語之能事，死後會遭諸惡的苦報，決不在話下。

不可諱言地，石原等人都非泛泛之輩，聰明才智高人一籌，但那決不是佛法的智慧。因為他們不曾從昔日的戰爭悲劇裡記取什麼教訓，也不曾告誡自己同胞早日拋棄想做「亞洲主人」的妄念，和「怨怨相報」的邪見，更不曾指摘「殺生」的罪惡，反而存在太深的我執，眼裡除了怨恨自己的同胞死於原子彈很冤枉，好像天下生靈都是芻狗，不值一提。這種自私而粗淺的情感，正是佛法的凡夫之愛。這種愛情不會有好結局，亦不值得執著。

佛陀某年在舍衛國的祇園精舍弘法，曾經列舉以下九種情狀，來詮釋凡夫的愛情，只會誤人誤己，以至墜入三惡趣裡。凡夫的愛情是（註四）：

㈠像窮人借錢。內心難得清淨，不能進入悟道。

㈡像羅刹女先吞食自己的孩子，再吃自己丈夫。她先吃自己的善根，再吃人，以至淪落地獄、餓鬼和畜生界。

㈢像毒蛇纏繞妙華莖。因為凡夫貪戀五欲之花，而不注意花裡潛伏著恐怖愛情的毒蛇。結果，被愛的毒蛇纏住，才墮入地獄、餓鬼和畜生界。

㈣像人硬要吃壞食物。一不小心，就陷入地獄、餓鬼和畜生界。

㈤像妓女一樣。凡夫跟愛打交道時，一切善法都被剝奪殆盡，結果也墮入地獄、餓鬼和畜生界。

㈥像摩樓迦子。因為摩樓迦子會纏住凡夫的一切善法不放，迫使他死而後已，最後墮入地獄、餓鬼和畜生界。

㈦像瘡中的瘜肉。凡夫的身心就是傷患，愛也是如此，如果對愛的瘜肉治療錯了或不小心，也會墮入地獄、餓鬼和畜生界。

㈧像暴風。愛欲如同暴風，有時對父母產生惡心，也會拔除菩薩道的根本。

㈨像慧星。它會切斷一切善根的種子，使人孤獨、飢餓和苦惱，墮入生死中輪迴，備嘗各種苦楚。

註一：《世界日報》七九・九・七

註二：《世界日報》七九・九・七

註三：《NOと言える日本》，上集：盛田昭夫、石原慎太郎；下集：石原慎太郎、渡部昇一、小川和久共著。

註四：《大般涅槃經》第十二。

12 另一條弘法捷徑

學佛的目的，當然不在研究佛學，不是把佛法當做學術研究，但，佛學研究卻有助佛法的弘揚。一方面讓佛教徒明白自己的信仰多麼正確和有價值，歡喜之餘，信心更強，受用會更多。另一方面，也能讓非佛教徒看見佛法這樣深妙、這樣豐富，讚歎之餘，會逐漸放棄偏見，加深認識，以至可能改信三寶，成為正信佛教徒。

目前，國內學佛的風氣愈來愈趨熱絡，佛學研究也比從前進步，這是每位佛教徒都很開心的事。凡事最好要多比較、取長補短，不要執著，才會有更大的進步。單就佛學研究成績相比，恐怕要用望塵莫及或瞠乎其後來形容。所謂研究成績，當然包括量與質，這兩方面我們都遠不如人。

也許那些先進國家研究佛學的歷史比我們短，但，他們在一般學術研究的方法、基礎和風氣方面，都比我們好得多。他們不但有深厚的文化實力，進步的研究方法，和蒸蒸日上的競爭風氣，而且高手如雲，即使起步慢，一旦發憤或有意研究某門學問，很快會有可觀的成果。於是，夠水準的著作，就如雨後春筍般地出頭。尤其，他們的專業人才常常彼此溝通、互相研討，也跟國際研究保持連繫，參與競爭，結果才有進步，而不會停留在自吹自擂，夜即自大的境地。

要促進國內佛學水準的進步，其中一種很有效的捷徑，就是不斷翻譯國外的優秀作品。應該客觀地看看他們怎樣把佛學跟現代知識結合？怎樣用新方法研究偉大豐富的佛學內涵，可讓現代人得到更多受用？諸如此類的許多超出傳統和想像的問題，也都不難從外人的研究成果裡發現。

寫到此，我不妨引用前美國賓州大學張澄基教授的話說：

「翻譯外國佛書的目的，是要介紹非中國佛學系統的較有價值部份。近年來，佛學日漸西渡，對西方宗教與學術思想起了相當大的影響。西洋人治佛學或修佛法，因為站在傳統外，常有『旁觀者清』的利益，加上他們毫不客氣的批判精神，及死鑽工夫，近年來對佛學之認識與造詣不可輕視。更要注意的是，他們接受佛學思想，不是僅從某一特殊佛學系統來的，而是多方面的，中國、日本、西藏及南傳各佛教系統的佛學，都被他們所採取和吸收。因此，他們對全盤佛法的現代價值，可能比我們了解更深刻。他們對佛法的解釋與看法，難免有些錯誤與曲解，但大體說來，因為是從『現代』、『比較』與『批判』的觀點出發，所以，畢竟不太一樣，最少也能令人有點清新與警惕感覺，這是我們翻譯西洋佛學名著的主要動機。」

真是很中肯的意見。

不消說，除西洋佛書以外，日本的佛學研究獨樹一幟，成績亦相當可觀，值得翻譯者也不少。

耳聞國內有許多道場或寺廟的財力雄厚，有些還經營其他企業，資金更可觀，但他們似乎都放在硬體的寺廟建設，而不太注意軟體的佛學研究，尤其，更少引進中國傳統外的佛書出版。即使有些出版雜誌和佛書，充其量也是舊書重印或自家的作品，寥寥無幾，或蜻蜓點水，還缺乏有計劃和大手筆的外文翻譯。

若想大力提昇佛學研究的水平，早日如願以償，一方面要慢慢培養人才，另方面不妨先大量翻譯外國的優秀作品。

從菩提樹雜誌第四六二期的一篇文章裡，發現一位熱心佛學的邱居士，感嘆中國傳統的「佛學概論」書大多與現代學術有一段距離，給人印象是佛學不外古老的傳統學問，至今難得或者還不會看見有分類的研究方式。其實，日本和歐美的佛學界早就沒有這個現象，早就給人對佛學耳目一新了。

譬如，日本二十幾年前，在我極有限的資料裡，就已經有了『佛法與醫學』（川田洋一）、『佛教心理學』（佐佐木現順）、『佛教倫理學』（武邑尚邦），『佛教深層心理學』（太田久能）、『佛教倫理學』（壬生台瞬）、『佛教民俗學』（大鳥建彥）、『佛教文學』（間中富士子）、『佛教社會學』（久保田正文）……。而且，不僅一位作者，一本著作或一家出版社而已。反之，他們的佛學人才和佛學出版都相當發達。此外，歐美佛學的進步也不在話下。一位正在洛杉磯弘法，對歐美佛教素有研究的鄭教授，給我一份歐美佛學書，及其代表作名單，真是洋洋大觀，因為限於篇幅，不能在這兒贅述。

佛學的外文翻譯要細水長流，不是眼前譯完或出版一批，就算大功告成，不再持續。反之，一定要繼續才能跟別人並駕齊驅，否則，恐怕連跟外人溝通或參與的資格都談不上，永遠落在人後而不自知。至少要能配合時代進步的潮流弘法，才能吸引知識階級來學佛。

國內的佛學研究不要一直停留在幾本佛經譯註、或佛學概論等基礎階段。因為佛學跟其他知識整合或交流的空間還大得很。

13 提昇佛教軟體作業的品質

記憶中，有一位法師嘆息說：「要信徒捐錢捐廟，或拜懺贊助都不難，但要他們來聽佛說，簡直是看面子，才來捧場。」我當時聽了心裡難過。

六年前，我到外國旅行途中碰到一群台灣來的觀光客，其中幾位佛教徒，都能明確說出自己的皈依師父或歸屬寺廟，但，我一問起幾項基本的佛法時，他們連起碼的概念或常識都沒有，甚至有一位自稱出身佛教家庭，後來卻改信了基督教，我問他原因，他說：「信什麼教都一樣，目的都是勸人行善，常上基督教堂可以結交新朋友，無形中增進生活樂趣……。」

近日，有一位台灣來的王教授，也是虔誠佛教徒，他很失望地說：「台灣佛教表面熱鬧，實際很空虛……。」

從以上幾項經驗裡，我發覺情況不妙，勿寧說，問題相當嚴重了，那就是佛教的軟體作業有待加強，弘法方式必須要檢討和改進。

一位信仰基督長達十幾年，現在改信佛教的朋友透露，看見台灣基督教會厚厚一本傳教策略，不得不佩服他們做事有計劃，講究方法，的確比佛教的做法高明，反觀中國佛教寺廟或團體幾乎都在抱殘守缺，保守僵化。

外教在台灣所以能夠大行其道，成果輝煌，一方面固然出在他們有高明的傳教手腕，和積極的傳教態度，而決非教理內容比佛教好，另一方面表示佛法在台灣太不落實了。別人的成功，就等於自己的不行，縱使有人自稱佛教徒，經常到廟裡焚香禮拜，倘若沒有佛法觀念，只要處境改變，照樣很容易改變信仰，原因是，沒有深厚的佛法基礎，最容易被人花言巧語一番，就變成異教徒。

例如，南傳佛教的東南亞等地，以及西藏地區，信徒對佛法的信受緊密熱愛，簡直到了如醉如痴，佛法充份落實在他們的日常生活裡，在這種環境下，請問外教可能趁機而入嗎？那樣根本沒有他們插足的餘地，也更談不上有較大的活動空間，甚至會讓他們知難而退，不敢妄想去傳教了。

如果說佛法是一種文化，那麼，中國以前有過輝煌的佛教文化，人才輩出。但，現在的佛教文化就顯得太膚淺、太落後了。關於這一點，最好的說明和答案，莫過於看看台灣幾家寺廟或團體的佛書出版，和雜誌發行。不論質與量都顯得太貧乏、太薄弱了。只有佛經原本，白話註解，高僧傳記或信佛歷程等幾種基本入門書，而且，大家爭印的類別都一樣，只不過版面排列稍有不同，其他實在談不上較有深度，比較豐富和新穎的佛書、佛學雜誌雖然按期出刊，也幾乎乏善可陳……。

台灣的教育發達，讀書人口應說不算低，大學程度的人口比率也相當高，看完幾本入門佛書後，簡直難得有更新類的教材，可讓他們登堂入室，領悟佛法跟其他各種新學問多麼密切，也讓他們讚嘆佛教文化的豐富，間接增加他們的法喜。否則，他們還以為佛法脫離世界文化的潮流，跟新時代知識扯不上關係，而停留在初淺的階段，誤會佛法屬於訪仙學道，神佛難分，殊不知西方先進國家早有一群非佛教徒，純粹站在學術立場，開始研究許多佛法跟新知識的關係愈來愈密切、研究範圍之廣、品質之精，只會讓我國的佛教徒汗顏。

台灣社會安定四十年，近十幾年來，經濟發展模型世界第一流，反觀文化太不長進，尤其是佛教文化，不提也罷。綜觀世界進步的趨勢，只有第一流的文化，才能成為第一流國家，第一流的國民。不然，像台灣的經濟成果，只會贏得相反的稱號——「貪婪之島」、「垃圾地區」。

當年西藏人流亡到美國的人數，寥寥無幾，充其量也是六個教宗，殊不知他們弘法的效果非常可觀，西藏文化在美國人人皆知，尤其，能夠力爭上游到高等學府裡，令美國知識份子刮目相看。

我每期接到他們寄來的通訊和圖書目錄，例如「Parallax Press」、「Sham bhala」、「Snow Lion」……新書簡介，多采多姿，包括西藏人和美國人都能從社會、人類學、心理學或物理學等學術觀點，開拓西藏佛教的新領域，讓我反而從他們的出版裡，了解更多佛法與新知識，以及佛法與現代生活的重要結合，我想美國人更不在話下。

反觀中國寺廟登陸美國的時間更早，到目前為止，除了只供中國人去焚香禮拜，仿照台灣佛學界供應幾本舊書以外，簡直連門都沒有踏出去，更何況向美國人弘揚佛法了。

據悉台灣佛教徒大約佔宗教人口的五成以上，許多寺廟隨著經濟成長，不論在山林或市區，都有可觀的硬體成就，甚至有些擁有自己的企業和財富來源，可惜都沒有在佛法的落實與推廣上下太多工夫。

綜觀台灣的佛書出版，堪稱非常荒蕪。從幾家較大佛學社與出版社的目錄裡，僅有些少許書名不同於傳統佛書，算是蜻蜓點水，但實在看不到幾位本土佛教徒的新研究或新作品，甚至連優秀的國外譯作也罕見。

據悉台灣的基督教與天主教出版業，剛好相反，新書源源不斷，層出不窮，讓人不得不佩服他們的眼光、魄力和認真傳教的精神。

近年來，台灣社會正在巨大變化之中，但從台灣的佛教文化裡，似乎看不到佛法的社會觀、倫理觀、教育觀……社會上墮胎、環保、自殺、吸毒和犯罪等問題，日益嚴重，也看不到佛教界大德對這些切身課題有什麼專題報告。神通、啟靈、乩童、巫術、咒語在社會上炙手可熱，卻無人站在佛教的立場去分析研究。

從原始佛教開始，就很重視人才教育，台灣恐怕難得找到佛教的教育手册或佛教專集，至於佛教與建築、庭園、佛塔、祭禮或民俗等關係的探討，更乏人問津。還有佛教在植物學、動物學、醫學等方面的專書，不論著作或譯本都沒有影子。

佛學出版是弘法前鋒，也是落實佛法的最具體做法，更是佛教軟體作業的重要部份。佛教徒若只止於上廟禮佛，求得暫時的心情寧靜，而不在佛法上求精進，無異脫離「信解行證」的學佛原則，對自己會損失慘重，受用當然極有限了。

文化事業不是一朝一夕，可以立竿見影，當然，佛教文化也非短期間能夠見效，只要有這個認識，包括出家在家衆，通力合作，為時也不晚。否則，就是「今天不做，明天懊悔、明天不做、永遠懊悔。」國家建設如此，佛法的落實即佛教文化，又豈能例外？

國人常說，現代是知識爆炸……知識跟文化當然有關係，文化進步也跟社會思想以及人民生活的品質提昇密切結合，但是作奸犯科的頻率似乎比美國還多，可見國內並非知識爆炸，或文化進展的地步。在極需文化建設的今天，佛教文化或佛法的落實，首當其衝，忽視不得，怠慢不得。

14 奇妙的「閉關」因緣

我明知蘇姓老友不是佛敎徒，平時也根本不接觸佛敎，但他去年春天返抵洛城時，在香港市場碰見我，便一副無精打采地說：「我回來『閉關』了。」我疑惑地問他什麼原因？他說以後再奉告，現在不便談。之後，日子一天天地過去，經過個把月後，他到舍下相聚，才娓娓道出那段「閉關」因緣。

這位老友夫妻在台灣的台南縣有事業，但有四位成年子女住在洛城，也都已經進了大學。一年裡，夫妻偶而來看看，乃是標準的空中飛人，但以前來洛城，都不似這次那樣不尋常，談到閉關出關，甚至顯得心事重重，十分狼狽。

本來，他有家財萬貫，兄弟幾個都繼承父親的產業，目前一直經營得不錯，在國內算是榜上有名的企業家，只有這位老友因為十年前來美國，居住幾年回去時，適逢父母過世不在身邊，致使財產分割上吃了大虧，目前的事業規模比起其他兄弟，顯然遜色多了，也正因為這樣，他的心緒非常不平衡，加上鄉居鄰里閒言閒語，譏笑他傻瓜，被兄弟們吃去太多，應該設法爭些回來……

總之，他這幾年返台居住不甚得意，心情尤其惡劣，可以說吃睡都不安。更不幸的是不久前，跑去體檢，發現食道長瘤，患處剛巧在咽喉下，雖然屬於良性，也不會痛，但十個醫生有九個告訴他必須開刀，才能痊癒，只有一位勸他要謹慎，因為位在險處，萬一不小心，恐怕不好。他聽了立刻一驚，毋寧說，他突然覺悟了眼前的殘忍事實，倘若連老命都保不住，還生氣和計較什麼呢？

人生在世，除了性命，其他統統是次要，甚至不重要，而今性命交關的緊要時刻，那有閒心閒時去計較身外之事？他開始尋思了，恐懼也不在話下。有一天，他突然想通了，一不作、二不休，乾脆將公司業務全交給親信處理，也跟妻子交待一番，便匆匆提起行李來洛城，開始認真徹底地「閉關」了。

我聽完他閉關的因緣，便也抓住機會不斷接觸他。首先，我送他四本書：

(1)正信的佛教（聖嚴法師著）

(2)勸念佛（林鈺堂居士）

(3)隨緣隨筆（拙作）

(4)佛法與神通（拙作）

記得我把書遞給他時，簡直用最誠懇、最友善、最關懷的感情，近乎央求的語氣說，不論怎樣，你要用最大耐心，從頭到尾讀完前面兩本，讀完後信不信佛，或做不做佛教徒都不打緊，至於另外兩本拙作，有空也不妨一讀，請你指教……。

說真的，他純粹為了養病，才回來洛城「閉關」，也因此才決心放下事業，真正不去計較財富、名望和家事，連妻子每週傳真的公司帳目，都被摔在一旁，連正眼也不看一下，只吩咐她全權處理，不必寄來了。也因有這個機緣才讓他有耐心讀些宗教、心靈和修養方面的書籍，同時真正在思考人生、認真在革心與洗心，要是以往身體健康，他才捨不得用心在這方面。那時萬事放一邊，只有賺錢擺中間，活著全是為了爭口氣，圖個名，反正身邊的人全都如此，這個價值觀和人生觀，也無疑成了當今國人的心理反映，豈此他一個人這樣？

湊巧的是『勸念佛』一書的作者——林居士，還是他當年台大的同學，只是不同系而已。難怪他一眼看到林居士的名字，便喜形於色地說：「我認識他，我認識他，他是大學聯考的乙組狀元……。」我也接口說：「好極了，你讀時會有親切感，知道老同學怎樣改變自己。」他點頭稱是。

大約過了一段時候，我們便在約定地點見面。乍見時，我很快發覺他的談吐、氣色跟閉關前不一樣，我意識到他的心境，也像經過一陣清洗，才有這樣脫俗的表現。

我們聊了半天，卻不曾談到俗事，全在佛法的範圍打轉，他一有問題，我便知無不言、言無不盡……。那天，他給我留下幾點非常深刻的印象，很值得一述。

第一點是，聖嚴法師給他佛教的正信概念，始知人生選擇信仰要理智，不要盲信和迷信，也因此讓他完全接受因果業報，和究竟的煩惱解脫法。

第二點是，果然老同學的學佛心得，深深地吸引了他，讀起來非常受用，覺得無限親切。於是，他也依照老同學的意見，開始一有空便念佛，天天抓住時間念佛，起初也還體會不到益處，不料，慢慢就有些受用，而惟一秘訣是要勤要誠。

我一聽到此，便證實他跟閉關前是判若兩人；說真的，我的歡喜也難以形容，尤其，當我聽到他吐露下面那段話，更忍不住一陣感慨與讚嘆。

那是他的回憶，也是覺悟，因為他現在略懂佛理，便想起多年前母親病逝，明明斷了氣，卻死不瞑目，好像有什麼牽掛，而一群兄弟姊妹跪在旁邊，也猜不透母親的意思，直到法師們來念完經，始見母親的眼睛閉起來。不過，他那時不知法師們念的是什麼經？只依稀記得佛經大意，好像勸母親不要執著，放下一切，安心走吧……。

這時，我也趕緊說道：

「學佛的目的，也是為了不執著，能捨能放。因為生老病死是無常，因緣果報是真理。只要真能信受，便是佛教徒，而不是要讀很多經典，要找那位師父，那些只是一種表示和方便。人生的緣份盡了，身形理該消失，不走也不行。若想賴著不走，只是徒增苦惱，愚癡罷了。」

接著，我又轉告他淨空法師早期請示章嘉大師那句話。

有一次，淨空法師問起章嘉大師說：

「學佛到底為了什麼？」

據說大師聽了足足思考一刻鐘，最後，也只講三個字——不執著。然而，章嘉大師卻答得十分肯定，非常自信，而且每個字都鏗鏘有力，一點兒也不含糊。

老友返台前說，有了這次心境洗滌的體驗，將來只要身體不惡化，也無大礙，那麼將用更大信心投入事業之餘，仍會持續心境洗滌的作業，讓自己不再憂鬱，也不再執迷，好好開創生命的第二前程……但他又忽然嘆息，家居附近缺乏安靜道場可以清修，不能遠離塵囂，和煩人俗事。我趁機打斷他的話，贈他一則《維摩詰經》的教示，不必操心。

這段教示是：

有一天，光嚴童子出城來，路上碰到維摩詰居士。童子開口問說：

「你從那兒來？」

維摩居士答說：

「我從道場來。」

童子再問：

「道場在那裡？」

維摩居士答說：

「直心是道場。」

原來，光嚴童子一心要找幽靜的道場修行，而維摩居士卻暗示他，深山靜處不會有道場，而保有一顆純淨、不受外界擾亂的「直心」，便是真正的道場。

換句話說，人們不覺得內心深處是寧靜道場，反而一味追求外在世界的悠閒生活，無異距離道場愈來愈遠了。

沒錯，世人心中都有佛性，即是清淨無邪的真心，可惜被各種慾望玷汚，而矇上陰影。日本江戶時代的高僧——無難禪師說得好：

「我身上有八萬四千惡。其中輔佐大將者，色欲、利欲、生死、嫉妒、名望，此五者也。此為常情，難以消滅。須盡夜以證悟將之逐一剷除，使其復歸清淨。悟即本心。」

總之，人的生活裡，得懷有溫柔敦厚的心腸。

歲月悠悠，時光無情，老友回國之後，忙碌不曾來函。我祈盼他早日恢復健康，別忘記保有一顆清淨無邪的直心，並永遠維持那個人生的道場，不要舊病復發，違背前言，又被八風——利、衰、毀、譽、稱、譏、苦、樂——吹得搖搖欲墜。

15 親子異變

最近，洛城電視頻頻曝露法官審問未成年人，被父母親虐待的鏡頭，而且多半是自己的親生父母，還包括幼年期一直被性騷擾……另外，我也讀到中華兒童福利基金會的報告，近幾年，國內兒童受虐待比率明顯上升，光是去年向家庭扶助中心求助的個案，便多達一千八百件，其中約半數是被父母身體虐待，每月平均約有一百二十件，而其中五名兒童受虐待至死，另外八十餘件是極嚴重的性虐待；而親生父母佔百分之七十四，繼父母只佔五點四而已。

我看了這種電視鏡頭，覺得匪夷所思，好像美國這個缺乏倫理的社會，親子間的衝突頻仍，罪有應得，誰叫他們的家庭不重視天倫文化呢？但當我讀完台灣的統計資料後，不禁嚇一大跳，心想這個年頭怎麼愈來愈不對勁？因為親子關係不僅是人性，也是天性，連其他動物都有的，怎麼一向講究人倫的國內家庭，而今也步上美國社會的後塵呢？簡直愈來愈令人擔憂了。

回首我們成長的年代，每個家庭都是父慈子孝，親子感情再壞也只是父母親責備幾句，兒女們氣憤地頂回幾句如此而已，父母親那有到虐待的程度呢？相反地，家庭是人生苦惱的避風港，兒童成長的大樂園，怎麼如今會變成許多子女的致命傷，和人間地獄呢？

一般來說，國內存在這種問題，因素很複雜，不單是家庭原因，也涉及社會變遷、文化失調和學校教育。依據教育專家的說法，人在生長過程未受到應有的體恤、慈愛和尊重，動輒被當作出氣筒、討債鬼，受到拳打腳踢的孩子，長大後，便很難擺脫以牙還牙般地對待自己的孩子，除非後來因緣際會，得到善知識的指點，而懂得反省，不然，也常會沿用過去體驗來處理相似的問題。

所以，而今在家庭裡，父母親切勿執著「不打不成器」、「愛深責切」、「亂棒出孝子」等教養觀念，因為這樣很容易接近凌辱虐待的範圍，而且不適合現代理性的教養方法了。

讀到上述的報告，難免讓人起疑天下父母心，到底有無漏洞？其實沒有，因為虎毒不食子，其他動物對自己親生嬰兒或幼子，也會本能地流露母愛的天性。例如，報載孟加拉國一條母象，眼見小象被車輛撞死時，悲憤之餘，朝向剛剛駛來的火車猛撞，火車煞車後，那隻母象瘋狂地直搗火車引擎，經過十五分鐘後才恨恨地離去。

不說母愛是所有動物的本能，《毘奈耶破僧經》也有一則鬼子母神的故事，指出連吃人不眨眼，人見人怕的母夜叉，也有不輸於人類父母愛情的實況。那是非常感人的內容，值得一述。

且說一個鬼子母夜叉婚後，生下五百個孩子。第五百個孩子取名愛兒。不料，由於前世的恩怨糾纏所形成的因緣果報，竟使她懷有一個惡念，那就是想吃活生生的童男童女。不久，她來到王舍城找尋兒童吃了，果然被她吃掉了五百個兒童，這一來，鬧得滿城風雨，人心惶恐，自然不在話下。

後來，居民只好去求救釋尊，而釋尊也以慈悲為懷，一口答下來。

釋尊首先運用神通，把母夜叉的第五百個兒子——愛兒，攜回精舍藏起來。這一來，把母夜叉急死了，只見她整天搥胸啕哭，悲號得聲嘶力竭，精神迷亂地走遍王舍城的大街小巷、果園池沼，和天神廟堂。可是，一直不見愛兒的蹤影。這使她更加悲痛，瘋狂地脫去衣裳哭喊：

「愛兒啊，愛兒啊，你在那裡啦？」

最後，她也去求救於釋尊了，釋尊反問她：

「你有五百個孩子，怎麼只失去一個便這樣傷心呢？別人失去獨子，豈非比你更加難受？天下父母心，舉世皆同。」

可見一個擁有五百個孩子的母夜叉，只失去一個愛兒，就好像被掏掉自己的心肝寶貝一樣，哀痛欲死。所以，父母慈愛子女是天性，絕對不容懷疑。學佛的人都相信親子的形成不是偶然與突然，而是有他們三世因果存在。恩也罷，怨也罷，或是仇或是敵？反正彼此總有一條斷不了、看不見的線索。只要出生為人，難得組成家庭成員，理應非常珍惜這個親子之緣，而不宜造成天倫悲劇。何況，佛教最講慈悲，而慈悲也是愛的代名詞。愛心推展到極致，就是無緣大慈，同體大悲。那便是無意識地、無條件地給予所有的人歡喜和幸福，那麼，自己親生或認養的孩子會例外嗎？

佛經上說，阿闍世王子誤聽提婆達多這個惡知識的花言巧語，竟敢把父親頻婆娑羅王囚禁起來，讓他受活罪，當他母親韋提希夫人暗中送食物給國王被發覺後，不禁非常憤怒，也想懲罰母親……總之，他變成一個快失去理性的人，連父母親都不放在眼裡，不論怎麼說，也是十惡不赦的壞蛋，他的心腸也一定很殘忍才對。

誰知有一次，他的王子突然手指傷痛，被人送到阿闍世王面前。這個父親卻慌忙懷抱著兒子，用手摸撫兒子的頭，親切地吻著他。不料，小王子反而放聲大哭了。這一來，國王便用口吸吮王子手指的傷口，致使自己滿嘴巴塞滿膿血了……。

這不是一幕精彩動人的父子愛情嗎？再奸詐凶惡的阿闍世王也懂得體恤和慈愛兒子，而今虐待子女的現代父母親又怎麼回事呢？

佛教有四食——段食、觸食、意思食和識食等，都各有所旨，而其中的觸食意義，非同小可。人類原是靈長類的哺乳動物，一向初生嬰兒都在母奶懷抱時，享受天下最溫馨幸福的身體接觸，那是母子親情最切實的溫床，那種鏡頭也表示母子親情的偉大寫實。有時，這種哺乳期頗長，可能延到孩子自願放棄為止。

但現在的嬰兒幾乎都在吸吮奶瓶，再也無緣觸摸母奶的樂趣。這樣成長的孩子也許對母親失去某種親密感，同樣地，母親也會因此失去一份慈愛心，日子一長，都不是好預兆。所以，觸食的「觸」字意義，遠比「食」字更大，更不可忽視。

據說有些心理學家以猴子實驗，分成有無「假媽媽」的餵食習慣，便於長期觀察牠們的身心發展。結論是，沒有假媽媽餵食的小猴，長大後特別兇悍……。

除了天性的根據，父母慈愛子女還得靠培養，不能大意才好。

16 方便與撒謊

不久前，李登輝總統公開表示，六年內要讓大家回到大陸……，那時，許多人暗自懷疑，這有可能嗎？果然不久，有人好奇地追問李總統，說這話的動機何在呢？才聽李總統坦誠表示，目的在勉勵大家一切要懷著希望，倘若連希望都沒有，那來勇氣突破困境？怎可能邁步往前走呢？這一來，他的意思就很明白了。

說真的，不說國家的未來走向，必須看各種因緣和合，譬如國際情勢的考量，和本身的能力；即使個人的前途變遷，也未必可由自己全權做主，還得涉及許多現實變數。所有專家都不例外，對於未來只能評估預測，誰也不敢打包票，肯定地說會這樣或那樣。所以，談論未來問題時，有人妄且談之，我們不妨妄且聽之，而不必太執著他話中意思。事實上，人世間誰也不知過去未來，凡事都是因緣和果報，而不是由誰可以做決定。

然而，生活在言論自由的民主社會，縱使身為總統，說句鼓勵國人的話，自有一番苦心，卻也難免遭人批評：「總統豈可妄發議論？不怕失信嗎？」的確如此，自古以來，就君無戲言。否則，會失去皇帝的威信，甚至影響國家的公信力。何況，做不到的話，一言既出，駟馬難追，很不負責任，也會造口語業，遲早有報應。雖然少說為妙……但若仔細一想，只要說話人的動機，不為自身利益，純粹為衆人幸福，或為大局著想，那麼，說句未必合乎事實，而含有打氣意味的話，就是一種方便，而不是撒謊，當然不會造妄語業了。

放眼世間，芸芸衆生委實複雜極了，不論臉孔、脾氣、智力、興趣或根機等，都顯得非常不整齊。當年，孫中山先生也把人類概略性地分成三種——先知先覺、後知後覺、不知不覺。再依心理學家分類，前後兩者呈現極少數，反而中間居絕大多數，那麼，政府或首長為了穩定社會安定，讓大多數國人精進奮鬥，而擬訂若干彈性策略，喊出幾句鼓舞人心的漂亮的口號，也未可厚非，而不一定要當做謊話或妄語。勿寧說，那只是善巧方便，暫時的權宜之語。

例如，四十多年前，不論機關學校，或公衆場所的牆壁上，那有不貼：「一年準備，二年反攻，三年掃蕩，四年成功」的標語。如今一想，那不是欺騙百姓，純屬歷史笑話與謊話嗎？當然，這樣譏諷與評論也有失公平，彼一時，此一時，如果那時不高呼這些口號，恐怕民心會前途茫茫，不知何去何從，連帶失去埋頭苦幹的生存意志了。

《法華經》有一則說話很有意思，也很精彩。大意是：

一位長者擁有一大群子女，家境很富庶。一天，忽然房裡失火，火勢愈來愈大，眼見快要燒到所有的房間了，而偏偏那群孩子們玩得不亦樂乎，不知處境的危險，任憑長者怎樣大都呼喊，孩子們根本不加理會。長者只好先跑出去，心生一計，想起孩子們平時喜愛什麼玩具？於是，他立刻改口呼叫，外面擺著許多他們喜愛的東西啦……這一來果然見效，只見孩子們聽了紛紛跑出來，總算離開險境，沒有生命危險了。當然，孩子們出來一看，會大失所望，因為發覺自己受騙……這時，即使後知後覺的芸芸衆生，只要不是白癡，也都不該責備長者在撒謊、造了妄語業。

顯然，他不是惡意撒謊，而是善意欺騙，目的在救人，無疑有過人的機智，應該有很大功德，値得讚嘆，値得擊掌，而不會有妄語業。

善意與自私的說話，自有正負不同的語業，也有完全相反的意義。學佛的人不能一味執著說話內容，應該體悟說話動機，之後，才能判別是方便或謊話，倘若連這一點都分辨不出來，無疑是真正的愚癡，也是不知不覺這一類人。

再說去年我讀過一本印度民間故事書，其中提到一個家庭住在深山，幾乎與世隔絕。大人每天出去幹活，早出晚歸。但是，母親每天出門時，都會板起面孔，嚴厲警告孩子們，大人不在家，千萬別出大門外面玩，否則，會遇到強盜抓人，以後永遠見不到爸爸和媽媽……。原來，她知道外面常有老虎出沒，擔心子女的安危，才不得不撒謊強盜抓人。

天下父母心，這種迫不得已的謊言，難道跟上述佛經故事有什麼差別嗎？也會犯妄語罪嗎？答案當然是否定的。

某年，某位政府首長的決策朝令夕改，讓百姓不知所措。於是，有些民意代表憤而評擊他，說話不算話，不配當政府首長……。不料，那位首長辯說政策不能行，就得立刻廢除，這跟見好就收的意思完全不同。雖然，那位首長的心意不謀私利，但也不是圖方便，更談不上撒謊，顯而易見缺乏前瞻性眼光，沒有深謀遠慮的政治智慧，只是胡亂發言，言不及義罷了。

每天翻閱報紙，或收聽電視廣告，總會聽到撼人心弦的商業語言，與其說它是服務大衆的方便，不如說是純為私利，希望趕快抛售貨品的美麗謊言。倘若言過其實，過份誇大，也難逃妄語業報，還是小心為妙。

俗語說：禍從口出，說話實在要小心。學佛的人，尤其要明白方便與謊話的分際，應該要運用得當，恰到好處，否則容易造成妄語業。《法句經》有兩句詩偈，不妨信受奉行：

「攝護語忿怒，調伏於語行。捨離語惡行，以語修善行。」（二三二）

「比丘調於語，善巧而寂靜，顯示法與義，所說甚和婉。」（三六三）

任何民主社會，都會有數不盡的選舉活動。那時，所有候選人都挖盡心思，花招百出。為了達到目的，難免不分謊話與方便，也不考慮口德或妄語，只有希望握有選票的人，耳朵別太軟，千萬別讓花言巧語打動心坎，而迷迷糊糊誤投神聖的一票，否則會懊悔莫及，吃盡苦頭。

17 發人深省的偈語

「若見彼智者——能指示過失，並能譴責者，當與彼為友；猶如知識者，能指示寶藏。與彼智人友，定善而無惡。」（七六）——《法句經》

我每讀這句詩偈時，便心生慚愧。回首前塵，尤其在學佛以前，犯了許多不識善友的過錯，而都沒有雅量接受友人的指責。雖然說「人非聖賢，孰能無過，而貴在能改」；但事實上，往往是忠言逆耳。

我們常常是聽不進善意的諫言，甚至在不高興時拂袖而去，跟對方絕交了。尤其，人在得意時，「所知障」最嚴重，總以為自己不得了，因此也就極難接受別人善意的批評，或好言相勸；殊不知這時也最危險，最容易執著。周圍的朋友會因此而見風轉舵，投其所好，許多動聽巴結的話紛紛出籠，反使真正的好友離去。所以，這句偈語是生活的智慧，若不能落實在日常生活中，是一件極大的損失。

我近日讀了《西施傳》，其中有一段，令我內心十分感慨，暗忖世上好人難做、智者難尋。許多歷史上的大事，不論悲劇或喜劇，都有它的因緣和合，只要細心追溯它的來龍去脈，是可以理解的。

且說吳王夫差寵愛西施，逐漸步入勾踐、文種和范蠡等人所設下的陷阱。而吳王身邊一位忠心耿直的老臣——伍子胥很清楚地看在眼裡，覺得大事不妙，亡國的命運將迫在眉睫，就屢次勸諫夫差趕快醒悟，早些殺掉俘虜來的勾踐，並疏遠一群佞臣。無奈，國王夫差怎麼也聽不進去，反認為這個老頭兒囉嗦，總愛講不中聽的話，不斷地揭他的瘡疤……。有一次，伍子胥忍無可忍、氣過了火，而破口指責：

「夫差！你忘了先王歸天時，要我提醒你『居安思危』嗎？如今天下紛爭，吳國尚無進展，背後有勾踐在窺伺，你怎麼安穩得了？你嫌我危言聳聽，我不給你常敲警鐘，有朝一日，你會讓勾踐謀殺，我死也無面目見先王啊！」

這是一句重話，在君王時代，臣子對皇上說話用這種語氣，鐵定會被砍頭，那怕句句真實、出自肺腑。

果然，夫差沈不住氣了，雙方撕破了臉，後果也可想而知了。

讀到這兒，我心想伍子胥不愧是硬漢，也是佛教所謂善知識。他肯冒生命危險去勸阻國王使他醒悟，他的膽量與忠貞非比尋常。而國王未免不識好歹，錯交眼前的老好人，自食惡果，一定是意料中的事。

勾踐的復國史，國人在小學課本裡恐怕已經熟讀過，然而它最有價值的教訓之一，也就是關鍵性的變化因素，無疑是在吳王夫差不能及時接受忠臣的告誡，不知他所受到的譴責，正是自己該尋的寶藏。

同樣地，每次讀中國歷史時，我也會發現末代的昏君，最大致命傷正是被一群奸臣包圍，聽盡一大堆巴結話，而聽不進忠貞之士苦口婆心的諫言。相反地，那些開國的君主所以英明，不一定是因為他英勇過人；勿寧說，應該是因為他有雅量接受臣下指出的過失或譴責，知錯能改，也不會疏遠他們，反而非常禮遇他們，把他們當做心腹看待；如唐太宗對待魏徵那樣言聽計從，真是人間極少有的皇帝。

歷史上有些偉人，固然因有彪炳的功勳、感人的德行和睿智的語言可以不朽於世，還有他們的生活軼事，也不乏含有相當的智慧，足以啟發後人的。

例如，史上著名的『完璧歸趙』故事。那是廉頗將軍看見藺相如深受趙王的禮遇，心裡不服氣，乃公然表示要在碰面時向對方挑戰，也要侮辱他。不料，當藺相如指出自己避不見面的理由，不是懼怕，而是不願傷和氣，造成衝突，影響國家安全……。這段表白雖然不曾明白指責對方不識大體，沒有遠見，只不過是一個匹夫而已。豈知廉頗將軍也很通情達理，聽到這段話後，反而非常羞愧，便脫光衣服，背著竹鞭前去請罪，從此他們因而成為「刎頸之交」。

這段史實正是這首偈語的實踐，也是佛教智慧的一件小縮影。

回憶我在六十年代住在東京時，在那兩年的日子裡，有一件事令我至今難忘，而且讓我受益很多，每當憶起，便生起無盡的感激之情。因為東京生活費昂貴，我不勝負荷，幸好有一位親戚早年在那裡經商，當時他在經營國際貿易，正好需要一名英文秘書。他問我是否能夠勝任這份工作，我心想，自己在大學時代對英文下了很多苦功，還不曾拿出來應用過，如今不是碰到好機會嗎？於是，就一口承諾了。

起先，對於閱讀或書寫商業函件，倒也難不到我。當然，我也戰戰兢兢，惟恐失掉這份差，尤其不忘進修，加強英語會話的研練。

不料，那天國外來了一份急函，要求電報回覆。當我把大意說明完畢，那位親戚馬上叫我執筆記錄他的口述，草擬電報，趕緊在下班前送去電信局。這一來可把我難倒了，不但他的話裡有幾個專用術語，字典找不到，無從下手；而且我還不懂電報的寫法。因為電報的格式跟信件寫法有異，愈短愈好，依字算錢，也不能用標點符號。他見我一時楞在那兒，皺著眉頭寫不出來；更不巧的是，那位親戚是個急性子又魯莽，說話聲音極大；雖然心腸非常善良，但那時他目睹我遲遲不能交卷；眼見下班時間快到，便忍不住暴跳如雷，大聲責備我：「怎麼讀了十幾年英文，連一封電報都不會寫？……」

我當時心裡既羞愧、又憤怒且難過。馬上開口向他解釋和爭辯。不料，他不理會我的苦衷，反而說我的英文要加強，否則以後工作會更吃力……。之後，我理智地反省一番，覺得他的指責沒有錯，而是錯在自己的英文能力不足。雖然自覺難過，但也不能怪他，只是因為他快人快語，才道出自己的缺陷。惟今之計，離開也不是，只有加倍努力，苦讀所有實用的英文商業書了。

幸好有那次機會，才使我在英文商用文方面有更進一步的磨練，後來回國也能駕輕就熟地勝任這方面的工作。如今，每次寫英文信件，我便不由得很感激那位親戚當時的怒吼和譏笑，才能逼使我更進步。

俗話說：「人的眼睛只會看別人，不會看自己。」意指大家只知別人的缺失，而不知自己有缺失。小時在家靠父母兄弟的指正；在學校也可靠老師同學幫忙；及長，到社會上做事，人際關係複雜時，就很難找得到肯說真話、存心善良的朋友了。這時才更需要重視和發掘自己的缺陷。倘若有幸逢這種朋友，豈可當面錯過，而不當做善知識看待？

佛陀的十大弟子之一，阿難尊者服侍世尊二十五年，功勞很大，同時也是多聞第一，天資很好，修持亦很不錯。在三藏結集裡，阿難在一千位僧衆中，硬被大迦葉尊者當衆拉出來，指責他當年不曾好好服侍世尊，犯了六種突吉羅罪，而且苦惱尚未斷盡，沒有證到羅漢果。迦葉尊者不客氣地將阿難大大羞辱一番，最後把他趕出場外，叫他好好反省，再用功一番，否則，休想再回來參加結集。

當我讀到這裡時，忍不住地尋思，如果現代人遇到這種情況，一定會大吵大鬧，反唇相譏：「你算老幾？憑什麼趕我出去？」或者怒吼：「你指責我一大堆錯失，那你又有什麼了不起？」結果雙方爭執起來，會使場面大亂。

但，令人讚嘆的阿難尊者，卻肯接受大迦葉尊者的指責，默默地離開大會，繼續精進，終於也證得大阿羅漢果，而後回到結集裡，登上不動的最高座位。

別看這偈語好像很平凡，讀了就懂，但真正可貴的是在實踐上，也只有透過實踐才能受用。這樣會對自己做人和事業的圓滿成功極有幫助，但願學佛人能信受奉行，善莫大焉。

最後，再請佛友們奉行另一首偈語：

「常精勤觀身，不作不應作，

應作則常作，觀者漏滅盡。」（二九三）

18 不動心亦向道心

我住在東京時，每次上百貨公司或超級市場，都不太敢多帶錢；原因倒不是擔心扒手，而是怕自己看到店裡百貨齊全、包裝精美，和廣告商的花言巧語，會耐不住而打開荷包，非買它不可。當時，與其說佩服商人想盡辦法打動顧客心坎的手腕，不如說是抱怨自己「不動心」的火候差勁，不能堅持不買的立場。

現代的社會是開放的，言論也是自由的，各種新鮮名詞和中外價值觀紛紛出籠，不說是年輕人身歷其境會眼花撩亂，恐怕連一般為人父母的人，就算他們有再豐富的人生經驗，也會跟不上日新月異的社會變遷。不久前，法務部長埋怨國內監獄人滿為患，近年犯罪率高居亞洲之冠。我想，它的根源多少跟上述情況有關。

世風日下，多半來自人的貪瞋痴慢疑等心態。那麼，怎樣除掉它而找回人的自性清淨的心呢？不說年輕人難為，恐怕連他們的父母親也很棘手。因為整個社會的價值取向，很難靠政府三申五令而能做得徹底。不過，社會是大家的，總不能眼睜睜讓它被貪瞋痴的毒氣籠罩著。淨化社會不是宗教界、教育界或是慈善團體才能做；任何人，只要是社會的一份子，都應該付出一份心力確實地從生活細節上著手。

誠如馬祖道一禪師所說：「平常心是道。」《六祖壇經》也說：「常行一直心。」都是肯定表示，只要誠心誠意，不要偷工減料，那有什麼艱難的事不能解決呢？因為他修道有成，也全靠這種心。

幾年前，諾貝爾獎得主丁肇中博士，曾在亞洲地區甄選研究夥伴，經過極嚴格的篩選後，才在台灣找到一位大學剛畢業，正在服兵役的青年。他的優異成績，終於獲得那份殊榮的研究工作。當時，許多新聞媒體爭相尋找這位青年，因為他有極佳的新聞價值。

不料，新聞媒體人員找到他家裡時，他父親卻百般懇求大家不要報導他的兒子，也央求不要把他兒子的照片曝光。他說兒子剛剛大學畢業，求學的路途還很長，獲選只是一個起點，不要讓他這麼早就嚐到「名」的滋味。他並且連忙請大家見諒。他的一番話，感動了在場所有人。當然，他自己也放棄「驕傲的父親」的名聲。

這段報導使我非常感動。我很敬佩這位父親的不動心。其實，這也是一顆貨真價實的愛心，它包含不貪、不痴和不傲。我們學佛也是要有不打折扣的心。《維摩詰經》上說：「直心是道場。」因為直心裡也沒有貪、痴和傲慢。不論身在何處，都要心地樸質，不受人間風風雨雨的牽制。佛法所謂八風——利、衰、毀、譽、稱、譏、苦、樂——吹不動，還是這種修持。中國的古德們說：「富貴不能淫，貧賤不能移，威武不能屈。」這樣的堅忍卓越的風範，也是學佛的情操。

有人懷疑佛教太古老，難以治好現代社會的弊病。自古以來，人間的病症都一樣，病因也相同，只是病情有輕重之分。如遇到病情嚴重，即使快要惡化，也是吃同樣的藥，只是藥量加重，保養過程要特別細心，病況才能夠痊癒；因為那是一副妙藥，永遠醫得好世人的病和社會的病。

在大衆傳播大行其道的時代，世人極難逃脫它的控制；倘若不幸遇到野心家滿懷邪見時，將使整個社會陷入浩劫。例如，納粹黨宣傳部長戈培爾，對於宣傳與人心的奧妙，有過苛薄的剖析。他說：

「只要用足夠的重複，和對心理的了解，也不難說服一個人，照樣可讓他把方形說成圓形。」

他認為，只要存心塑造和化妝，所謂真實，也會失去意義。反覆一大篇謊言，會先讓人半信半疑，之後，加些不相關的小謊言，日子久了也會讓群衆不知不覺地上鉤，而且，也照樣使群衆樂此不疲地接受下去……。

在這種情況下，維持不動心、平常心和向道心，將是多麼艱辛，無異碰到魔境而不能抵抗一樣。基本上，人有各種欲望，一旦拘泥於它，那麽，意識和行動都會被囿困，以至失去人性。雖然，欲望是生活上不可缺少的動力，但也不能任它擺佈，讓自己的本性喪失，否則，就難以顯現佛性。所以，道元禪師勸人不可以迷惑，不妨只管打坐，來「坐斷」自己的意根。他依據自己的經驗說：

「明見佛性，本不迷惑；坐斷意根，廓然瑩徹。」

這個方法會了斷意識活動的根源，讓人的心像萬里晴空，清澈如鏡，不受制於外境的花言巧語；當然，也能堅持不動心和向道心了。

學佛就是先調御自己的心。佛經上說「心猿意馬」，最低限度要保住平常心，才有能力分辨正邪，不會被人牽著鼻子走。這樣自然就能不動心了。

人之所以會動心，是因心隨境轉；而佛教卻主張境由心生。一位花蓮慈濟醫院的黃醫師說：「假如你心想外面有許多鬼怪存在，眼前就會有鬼怪出現；假如你心境清明，即使夜晚也會覺得清明；如果你心中有佛，那麼佛也會遍滿虛空。」

他因為心裡有愛，也自然對患者付出無限的關懷。

不管社會風氣怎樣惡劣，貪瞋痴慢疑的毒氣怎樣彌漫，若擁有一顆不動的清淨心，放眼人間，依舊滿目青山，也就是禪宗所謂：「青山原不動，白雲自去來。」

山本來就是不動，它一直悠然聳立於天際。

學佛的人，豈可不明白這番道理？

19 這不算妄語

我剛從師範畢業那年，在某國小擔任二年級的導師，記得國語課本裡，有一則「狼來了」的故事。那是說有一個牧羊的小孩在某一天，突然心血來潮，惡作劇地連喊兩次「狼來了！」讓一群正在附近作業的農夫聽到後，連續兩次上氣不接下氣地跑來解救，卻都被那個小孩嘲笑。不久，果然一隻狼跑過來，小孩慌張喊叫：「狼來啦！狼來啦！」農夫們以為他又在撒謊，不願再上當。最後，那個小孩的羊就被狼吃掉了。

如今我學了佛，再回憶這則故事，也仍然感慨那個孩童自食惡果，怪不得別人，因為他不該隨便打妄語，拿生命開玩笑。

現代人很機警，上當也只是一兩次，到第三次一定會學乖，所以，撒謊是絕對行不通，百害無一利，甚至會迫使自己連立足生存的空間都沒有。

世間法如此，佛教也不在話下。撒謊就是打妄語，《大智度論》上說，造了妄語的惡業而無慚愧心時，不但進不了涅槃，也會失去升天之道，同時還會有口氣臭、讓善神遠離等十種罪過，實在非同小可，一定要當心。

但是，在我所讀過的佛經故事裡，其中有兩篇有關撒謊的記載很特殊，令我印象深刻。

起初，我懷疑撒謊的人是不是造了打妄語的惡業。稍後再冷靜一想，便覺得他們不算是造惡業，雖然他們也沒有慚愧心。原因是，他們並無貪瞋癡的念頭，而純粹出自一番好意。所謂美妙的謊言，恐怕就是這個樣子吧！

在《摩訶僧祇律第六》有一段文大意是：

一個漢子提一包煮不熟的豆子去市場叫賣，遲遲不能脫手，剛巧碰到一個壯漢愁眉苦臉地牽了一隻賣不出去的驢子走來。賣豆的漢子暗忖：何不用我的豆跟他交換驢子呢？當他問過對方後，對方也同意，彼此很快交易成功了。賣豆的漢子高興地唱歌說：

「我的生意手腕真高明，耗盡柴薪煮過十六年的豆，會折斷你的兩排牙齒。」

不料對方聽了也作歌回答：

「我的生意手腕才高明，四腳齊全毛髮旺盛的笨驢，若要牠背負行李走路，用針刺牠也不動。」

賣豆的漢子立刻回嘴：

「用千度鞭打牠的屁股，用四寸針刺牠的頭顱，自然推得動懶惰的驢子，這有什麼好憂慮的呢？」

對方憤怒地破口大罵：

「牠會前腳齊立，後腳踢飛，當你撞得前牙折斷時，才會滿臉哭泣。」

但是，賣豆的漢子不理會對方，反而恐嚇驢子說：

「你真的懶得要被蚊子或毒蟲扎了，才顫抖地擺著尾巴防衛嗎？待我把你的尾巴砍掉，會讓你知道以後的辛苦。」

驢子卻回答：

「我會用祖宗流傳的方法，能夠輕易地防止那種痛苦，切掉尾巴未免太慘忍了，待我死後再砍吧！」

賣豆的漢子心想：「看樣子恐嚇也沒用，不如善巧地慫恿牠一番。」他於是唱歌說：

「臉色白如冬雪，聲音爽朗的小雄驢呀！待我給你娶個老婆，一塊兒到森林裡玩樂吧！」

驢子聽到如此悅耳的話，立刻精神抖擻，愉快地唱：

「踏著大步前進，一天急行百里路，一聽到能娶妻室，我也立刻精神百倍。」

那位賣豆的人，撒謊得自然，倒也不失為圓滿的收場。

還有一則出自《中阿含經第六》，大意是：佛弟子──舍利弗的朋友，名叫陀然，出身婆羅門，本來不信佛，經過舍利弗一番教示後才學佛。後來他生病了，而且病況日漸嚴重，最後舍利弗特地趕來為他做最後一次的說法。

舍利弗先問他：「上自梵天，下至地獄，你認為那裡最好？希望出生到那裡呢？」

不料，陀然仍然沒有開悟，還以為梵天最好，希望投生到那裡，反而不知涅槃的悟境最美妙、最福樂。這時，舍利弗也不拂他的意，只好好言教化他說：「佛陀教我們出生梵天的方法是，要有慈悲心，捨棄一切執著，以平等心對待世間的萬物，不僻執、不怨恨。須有不怒、不爭的寬宏雅量，多做善事，縱使身死命終，也能投生到梵天。」

陀然果然恪守教義，捨棄欲念，精進向道，命終後也出生到梵天了。

當舍利弗回到精舍，佛陀問他為何不用梵天以上的教理來指引陀然。舍利弗解釋說：「那些婆羅門最尊敬梵天，只會把梵天看成究竟的所在，也都希望投生到那裡，我只好依據他的需要來教化了。」

可見舍利弗也在善意撒謊，但他是在因材施教，如果需要更上一層的教化，就要用更高明的教材和教法。何況，眼見老友正奄奄一息，沒有時間說得太仔細、太深入，才在適時適地和適當情況下，依照病人的需求，解說怎樣投生梵天。

在不具貪、瞋、癡的情況下，為使事情更圓滿而打妄語，而且最後確實能有一個圓滿的結果，這倒不失為一種方便。

20 凡聖分水嶺

《儒林外史》開頭一句話很有意思，也是人間的寫實。那是——人生的富貴功名，雖是身外之物，但世人一見到它，便捨命去追求，到手之後，味同嚼蠟，自古至今，又有誰能看得破？——接著，便談到元朝末年的王冕。他少年家貧，但自學繪畫，成名以後，連王爺級的人物都慕名來訪，也有意提拔他。無奈，王冕逃避都來不及……

若從學佛的觀點看，他真有大善根，只要有機會學佛，必能捨掉名利心，刻苦修行，那麼，他開悟證果，也是意料中的事了。

不說古代有王冕之類的人存在——現代也有，而且是在功利風氣最重的美國社會，那些人還都不是泛泛之輩，例如，名震全球的籃球健將——麥克•喬登，便是其中之一。他近日剛剛宣佈退休，簡直震撼了美國人的心。因為，他在籃壇是超級巨星，故當消息傳出，便立刻成為各大媒體的頭條新聞，震驚美國人的程度，據說遠超過俄羅斯政變、索馬利亞的美軍傷亡，以及中共核子試爆等近日頻傳的國內外大事。

本來，人生的退休是件常事，名人政客也不例外，然而，喬登宣佈退休為何會造成如此轟動呢？原因是，他年僅三十，正值壯年，亦無意外，而且年收入四千多萬元，事業處在巔峰，每次出場都有上萬觀衆鼓掌喝采，想不到他能見好就收，大大方方地急流勇退，毫不貪戀，這種表現實在非比尋常。

最值得讚嘆的是，年紀輕輕就能看透名利，不會貪求無厭，依照常情來說，不論聲望或財富，至少還有好多年光景，也還有好多次機會，但這些讓人求之不得的東西，竟然迷惑不了他，難道是等閒心態嗎？說他是個怪胎，也不為過了。

本來，任何人功成名就都經過一番苦功努力，當然，喬登在球技上也有過相當的精進，才能享受應得的尊榮。但是，他不像其他成功的人那樣，得意之餘，常常口出妄言，以為天下捨我其誰，嘆息後繼無人，那種不可一世的樣子，叫人奈何不得。誰知喬登在宣佈退休那天，也說過一句難得的話：

「我們球隊仍然衆星雲集，我告退以後，自然有人接棒……在某時某地會有青出於藍的人脫穎出來。」

這也能證明，他除了球技一級棒外，更有超級運動員的風範，以及絕大的智慧、毅力和勇氣，放下人間的高貴、名望、喝采……等。

星雲大師常說：「我近二十年來，受盡盛名之累……。」這是大師最不喜歡，也最推辭不掉的苦惱。同樣地，喬登也在這方面吃盡苦頭，他常常埋怨：「我厭倦顯微鏡下的生活，其間總有監視……監視的眼睛，讓人身心俱疲……。」

記得台灣有一位身世非凡的官家子弟，在國內行動反而不自由，因為他的身世、姓氏和爵位等限制了他，只有在他被派駐新加坡時，才有恢復自由的感受，誠如他吐露說：「我在地攤上吃陽春麵也可以，誰也不知道……」

可憐世人偏愛這種莫須有的人間凡品，尤其，中國歷史上的政界人物，最難捨掉「名和利」，口口聲聲的天下為己任，執著非我莫屬的自私妄念。明明處在民主時代，卻不惜修法改法，便於做到油盡燈滅，至死方休。

若照佛教來說，即使他們能夠歷史留名，照樣難逃凡夫的五塵六欲，不能讓心來轉境，永遠逃不掉輪迴苦惱。

俗人都說四大——財色酒氣難看破，其中以財與氣最難捨，最執著。這兩項正是佛教的名聞利養……它的確能滿足世人的虛榮與慾望，讓人執迷之餘，很難自拔。所以，佛教的各家各派都告誡信徒千萬小心，一旦執著名利，容易貪求無厭，讓自己失掉清淨菩提心，阻斷成佛之路。

對學佛的人來說，名利有大的殺傷力，好像佛陀門下那位惡名昭彰的提波達多，自從有了神通力後，就不斷巴結阿闍世王子，得到主子的歡心，又獲得很多供養，聽說每天可得五百鍋食物，這一來，就讓許許多多人來投靠他，歸附他了。自從有這麼多名聞利養，勢力便逐漸龐大了。

結果，他妄想取代佛陀來統帥教團，最後不但不能如願，反而害了自己下地獄，真正被名聞利養害慘。否則，像他那樣卓越的人，應能證得相當正果的。

《菩提心論》上說：「凡夫夫執著名聞利養資生之具，務以安身，恣行三毒五欲，真言行人誠可厭惡，誠可棄捨。」

法華經勸採品上也說：「為求名聞故，分別於是經」，意指名聞能顯親榮己，故令夫凡貪求不已，然以欲求無盡，而所冀難得，故使人求名聞的心念強，結果愈會增加苦惱。

總之，若要看透名利，的確要有大智慧和大勇氣，凡聖的分水嶺也會在這裡了。

21 長壽秘訣與最好補藥

近年來，生命科學進步有目共睹，真正是日新月異。大陸著名遺傳學家談家偵教授，以鐵定的口吻說過，長命百歲並不難。依他畢生研究生命科學的心得研判，人類平均壽命，將可長達一百二十歲以上。哇，真是大好消息。

今天報上說，「想長壽要接七招」，我讀了兩遍，卻有些失望，作者純粹從西醫觀點提示七項要訣，他說是最先進、最專業，而且刊在馳名的洛杉磯時報，可當作長壽的金科玉律奉行，必能生效。話是沒錯，若依我這個佛教徒看來，只覺其中少了最重要的一項，實在美中不足。那便是佛教的智慧——「看開」和「放下」。

說真的，當年秦始皇想要長生不死，便是貪求無厭，過份執著，算是愚癡。因為生老病死是無常，自古以來，天下那有不死之人？若只想活得更久、更健康，才派徐福去扶桑三島尋妙藥，那便無可厚非了，因為像他那樣有權勢的皇帝，豈能不貪戀五塵六欲的快樂？所以一點兒也不奇怪。

不論古今中外，恐怕無人不想長壽，換句話說，誰都貪生怕死。現代人生活舒適，長壽的欲求更迫切，也不在話下。但佛教的立場是，長壽不但要身體健康，耳聰目明、感覺敏銳，還要有豐富的愛心，活得很快樂。否則，長期病痛，又要人服侍，或心情不好，怨天尤人，那又何必長壽呢？

記憶裡，那年轟動日本的大消息，不是宮澤理惠拍寫真集，也非明仁天皇訪問大陸，而是家喻戶曉的金銀姊妹花，度過了百歲生日。她們不痴呆、不生病，也不依賴別人。最令人艷羨的是，她們的日子過得快樂極了。於是，引起一群記者的採訪，到底怎樣走過整整一個世紀呢？尤其請教她們長壽的秘訣，果然不負衆望，她們毫不保留說了出來。

我光看她們的黑白照片，便被那副開朗微笑、慈祥溫馨的面孔迷住了，簡直百看不厭。如果沒猜錯，想當年也是一對大美人，但那不重要，因為她們身上還藏有更罕見的生活智慧，才能活得快快樂樂。我反覆細嚼報導文字，懷著挖寶的心，找尋長壽秘訣在那裡？原來這麼簡單，那便是她們送給年輕人的三句話：

(1)以堅強意志，把想做的事貫徹到底。

(2)不要太聽別人的話，光是聽別人的話不太好。

(3)自己的事靠自己做。

如果改用佛教的話說，第一項是不退轉心，後面兩項重視人的自主性，都是佛教徒法喜的來源。其實，這對姊妹花信佛很虔誠，早晚都到隔壁弘法大師廟合掌念聲：

「南無大師遍照金剛，南無大師遍照金剛。」

當記者們要離開時，她們還吐露一句頂要緊的養生秘訣：「光是靠自己的力量是做不到的，還得靠佛菩薩保祐才能活一百歲。」

可見她們信佛得到清淨心和歡喜心，才能享受日日是好日，時時是良辰，而不像其他老人既癡呆、生病，又要事事依靠人。

台灣攝影大師郎靜山一百零三歲生日那年，仍舊耳聰目明，步履安詳，每天忙著教學攝影。每逢別人問他長壽秘訣，他都慷慨奉告：

「看得開、不生氣、不強求、與世無爭、一切隨緣。」

雖然，不知郎大師是不是佛教徒，但他的養生絕竅正是佛教智慧——不貪、不嗔和隨緣觀，而郎大師也是佛戒的真正落實者。

佛陀活了八十歲，在古印度那樣貧困的社會，算是相當長壽，恐怕也得力他證悟空的思想，凡事看得開、放得下，使精神無礙自在。台灣的印順尊師自幼體弱多病，有過好幾次病重手術，死裡逃生。其實，他從廿六歲開始，便獻身佛教、佛學與修持並重，完全看透名與利，生活沒有掛礙，如今快近九十高齡，照樣活得好好哩。

不久前，佛教作家林清玄到洛城弘法，也提到聽衆最愛聽，也最想要的一句話——長壽秘訣。他說：

「國人為了長壽，拚命吃補藥，其實，看得開、去煩惱，便是最好的補藥。」

真是一針見血，指出了國人對補藥的誤解。現代人最佳的養生，與其天天吃維他命、保健丸、虎骨酒……，還不如「去煩惱」、「多開心」更有效。何況，「開心」、「看破」既不必去看醫生，也不花錢，乃是最簡捷有效的健康術。

在美國，赫赫有名的企業家兼慈善家——洛克菲勒，在五十四歲那年，得了一種怪病，掉光全部頭髮與睫毛，他為了活命，便服用醫生開的三帖藥，其中一帖是，「永不煩惱，在任何情狀下也不煩心」，結果活到九十九歲。於是，有人請教他的長壽秘訣時，他一開口便說：

「放寬心胸、既不要過度興奮，也不要過度驚慌。」

其實，這也是心平氣和，得靠不執著，一切隨緣才能做到。

《傳燈錄》上有句話，值得大家誦讀：

「安閑恬靜，虛融澹泊，此名一相三昧。」

現代人過著忙亂的生活，正需要這種生活態度，才能領悟長命百歲又自在的因緣。

最後，我引用日本大智禪師一首偈，可作長壽與快樂的參考，那便是：

「截斷人間是非，白雲深處掩柴扉。」

擁有這樣的心境，難道不會愉快長壽嗎？我不相信。

22 大家最迫切的淨土——家庭

上次美國總統大選期間，布希總統的妻子芭芭拉女士，出現在共和黨大會上，以話家常的語調，談到家庭幸福的重要，這個鏡頭立刻成了最感動美國人心，也能引起共鳴的精彩片段。尤其，她的話題很快成為三位總統候選人的共同政見之一，雖然，他們發表的內容大同小異，但都一致強調傳統家庭的重要，眼前社會上的吸毒、墮胎、離婚和單親現象，都出自問題家庭。

據說芭芭拉女士那次輕鬆誠懇的談話，很成功地喚醒美國人重視傳統家庭的觀念。難怪有記者訪問布希總統，在他所有成就中，最感驕傲的是什麼?布希的回答完全出乎觀衆的意料，只聽他說：

「不是共產世界的瓦解，也不是核子戰爭的恐怖消除，而是我的子女仍然回家來，圍繞在我身邊……。」

接著，有兒孫婿媳共有二十二人出現，立刻凸顯圓滿家庭的存在，才是人生最大的幸福。

前幾天，我讀到一則驚人的消息，美國一家調查機構指證，有半數黑人生活在貧困中，主要原因是家庭不健全，而破裂家庭也是青少年犯罪的搖籃……還有我自己觀察許多華裔子女，學業成績都有出色的表現，這會影響他們日後的事業發展，不在話下，殊不知這些成就卻得力美滿的家庭背景，因為有父母、兄弟和姊妹們的鼓勵與示範。相反地，亞裔圈子幫派林立，那些不良份子的出身，也因為家庭不健全，甚至破碎……。難怪那回總統候選人的共識是，不健康家庭不可能培育身心健全的國民，都能得到熱烈的回響了。

如果依學佛的人看來，幸福家庭是自己最直接、最迫切需要，和最先一個人間淨土。因為人生在世，從出生到老死，除了出外覓食，和應酬交友，幾乎所有時光都待在家裡，那麼，如果在破碎家庭成長或生活，那跟活在人間地獄差別多少呢？記得星雲大師說過：「天堂地獄都在心裡。」《維摩經》也說：「隨其心淨，則國土淨。」同樣地，如果一輩子享有美滿的家庭，依照唯心淨土的解說，不就是活在人間天堂嗎？

日本某公司推出一種新產品，叫做「歡喜回家」，它會自動向每個家人打招呼的感應器，只要擺在門口，便會依來人方向發出「你回來啦」、「今天辛苦啦」。只要有人跨出家門，也會發出：「路上小心」、「早一點兒回家」這些都是歡喜進出家門的話，即使獨居在外，也能帶到那裡，早晚聽得見家人親切的問候，短短幾句話，都能讓家人享受天倫溫暖。

記得社會學的書上，每位社會學家都這樣說，家庭是組成社會的基礎單位，也是人類社會化的搖籃和起步。倘若家庭出問題，對孩子性格形成、情緒適應與自我啟發等方面，會造成莫大傷害，也等於培育一群未來的反社會成員。總之，人生的悲劇也罷，社會的不幸也罷，都跟家庭破碎連成一氣。

例如很可悲的是，美國去年有一件史無前例的判案，那是一位孩子不要娘，翻臉上公堂，要求斷絕母子關係。還有國內有一次調查也指出，每十二名學童裡，就有一名是單親家庭。真是可怕的家庭變遷，也明顯表示以後社會上將有何種後果出現？恐怕距離人間淨土更遙遠了。

近來報紙上常有子女殺害父母，父母也凌虐和殘害子女，以及夫妻爭吵與殺害的恐怖現象，這些何嘗不是現代社會的最大諷刺？

美國和台灣的情況差不多，因為資訊來源有限，其他國家的情形，我就不太清楚了。佛教重視家庭價值和天倫生活，當然不在話下，這方面最膾炙人口的經典，就是那部《善生經》了。

這部經也是指導家庭生活的寶典，指引在家信徒怎樣建立圓滿正確的天倫生活？跟現代最先進的觀點相差無幾。原則上，子女對父母要報恩孝順，父母對子女有教養婚配的義務；妻子對丈夫要敬愛、服侍，忠誠地料理家務；丈夫對妻子要給養服飾、飲食、憐愛；這種親人間的關係能夠和諧，就是基礎的鞏固，所謂「家和萬事興」。因為父慈子孝，夫妻相愛，正是美滿家庭的首要條件。

至於家庭美滿的另一項重要條件，就是職業與經濟收入了。《善生經》也說到正當職業，都在允許之列。這方面有種田、商賈、技藝、造屋舍和床臥等，不願他們成為社會的寄生蟲，害己害人。但很反對幹那些奸淫、殺生、釀酒、占卜和厭禁等行業。其間談到家財保存要妥善，不要損失；少結交損友，免得造成財物損耗。經濟上量入為出，避免浪費和慳吝。

這套原則也適合現代家庭，只要肯落實佛教的指引，照理說，家庭不幸的案件會減到最少，社會和諧與進步也都指日可待。對於個人來說，等於成就了自己的第一個淨土。

可惜，有人不明佛理，妄稱佛教要摧毀家庭。例如，某次一位年近六十歲的朋友來訪，一談到佛教，他就面有慍色地說：「如果大家都學佛，豈不亡國滅種？」我聽了大吃一驚，忙問他什麼緣故？

之後，始知他誤解學佛必須出家當和尚和尼姑，既不要婚嫁，也不要家庭……。

就常識上說，事實也不可能人人都信佛，因為有人無佛緣，也有人缺乏善根，更何況學佛不一定要出家。只有少數人出家，方便專業弘法，以及特殊因緣。再說句不像話的話，倘若全民都出了家，那由誰來供養他們呢？大家都不結婚成家，娑婆世界還會是道場嗎？既無可度的衆生，大家都成了佛菩薩？簡直不像話嘛！

23 人人皆是大菩薩

記憶裡，日本的中川宋淵禪師說過：「大家都是大菩薩會的會員。」意謂不必辦任何入會手續，都已經是大菩薩會的會員啦。這句話真有見地，也是不容置疑的實情。

那天，乍見報上一幅非常迷人的笑容，他的嘴角向兩邊拉得極長，讓我忍不住注視良久，好像看見笑臉裡也隱藏不平凡的智慧，直到我讀完後面的介紹，又不禁十分讚嘆這位鄭老先生正是不折不扣、落實菩薩行的活菩薩。

十幾年來，他到處宣揚自己的發現——久笑法，因為它有非同小可的奇異功能，不僅能讓自己快樂，也能使家庭幸福和社會和諧，而這個寶藏是世人與生俱有，只是被人忽視，沒被發掘出來活用，未免暴殄天物，實在太可惜。

原來，這位高齡八十六歲的鄭老先生，家住台北市，十年前有一天，正在浴室刷牙時突然心思敏捷，發現一種「久笑法」。

就是自己用手拉開嘴的弧度，隨著這個弧度的增長，心情感覺會愈來愈快活。意謂一個人的嘴角往上彎，心情便會轉好，嘴巴若往下彎，心情便會轉壞。這一來，他便斷定這種動作能改變人的心情。是獲得快樂的天大秘密。他不忍藏私，便發心布施——佛教所謂無財施之一——開始他一段鍥而不捨的菩薩行了。

起先，他每天早上到處奔走相告，挨家挨戶去講述「笑」的神奇功效。雖然，宣傳效果不理想，但他一點兒也不氣餒，決心要用這個秘密供養芸芸衆生，讓大家都能享受這個不必花錢也能快樂的法寶，而且每個人都會做，只要肯試肯練，必能如願以償。可惜，大家都瞧不上眼，這個有什稀奇？

他告訴人說，嘴角拉長要常練，除了睡眠和吃飯時間外，其他任何時刻都能練。如果嘴巴拉累了，可以稍微休息一下，之後繼續練。他證實自己會了這套工夫後，無形中氣定神閒，連許多老毛病像肩膀酸痛、大小感冒都能不藥而癒。尤其，最令人吃驚的是，多年不見面的親友看了都嚇一大跳，不停地問他：「你怎會變得那麼年輕？」當然，他也坦誠相告，力勸對方要試要練，也能得到受用。

還有他的家人，包括妻子和八個兒女都在他苦口婆心下學會了。此後，家庭便一團和氣，很少發生家庭糾紛。

有了這個成功的實驗，就給他更大的信念與鼓舞了。他認為全家人受用還不夠，應讓全世界的人都能享受，所以，發誓終身要以這為職志。他在家居的牆上寫了這項菩薩誓願：「我的最大願望是，大家都能從這個得到幸福。」

其實，在他寫下這個誓願之前，還有一段心事，據他透露，年幼受盡貧窮的苦痛，十六歲那年，悟出人生受苦的道理。同時發誓要找尋人生快樂的泉源……他說：「這是我十六歲時立下的志願，要找出一個輕鬆易學的方法，讓全世界的人都能活得快樂，沒有憂愁悲傷。」

上天不負苦心人，直到七十六歲才有所發現。而最難得的是，他有豐富的慈悲心與供養心，氣而不餒地落實它。他彷彿《法華經》上那位以忍辱出名的常不輕菩薩，逢人便熱心解說這套養生術功能有多神奇，勸他不要忽視，應該多試。

不料，對方聽了隨口應付他說：「好，我有空會練練看。」而有人卻說：「來，跟我一起笑」。隨後做出笑容，讓對方倣效。有些人以為他瘋了，拔腿就跑，甚至不客氣地罵他：「這個老頭神經病。」

另外，他還沿途散發傳單，可惜效果不佳，他就免費開班授徒，奈因學員嫌練功辛苦，都半途離去。然而，他不灰心，便先仔細改良「久笑法」的缺失，更精進它的內涵，也不叫人廿四小時保持微笑的苛求，改為一天練五回，每回笑六次，詳述「笑的方法」，達到省時省力的目的。這一來，既能配合呼吸，又能顯露笑容，逐漸地，有些機關學校，如老松國小、成淵國中、國泰人壽等紛紛對「久笑法」有興趣了，主動地向他要傳單，也邀他演講。

不僅這樣，他自己也掏錢去印宣傳單，錄下教學錄影帶，寄到許多公家機構和學校，像總統府、行政院、教育部……他央求政府能下令全國百姓都學「久笑法」，好讓國人都能成為久笑的國民，社會就能化暴戾為祥和，逐漸除盡人們的瞋恨心了。

而今，這位大菩薩的家居牆上也貼滿各式獎狀和感謝函；佛教強調三世因果，善有善報，這位老菩薩除了得到這些現世的讚嘆，以後也必有善報，萬般帶不去，只有這些善業會隨著他。

雖然，我沒練也沒試過「久笑法」，僅就粗淺的常識判斷，它應能助人修心養性，給人歡喜，也很符合政府推行的「禮貌」及「微笑」運動，自有它的正面作用。說真的，要能真正讓人完全快樂，就牽涉很複雜的因素了，可沒那麼簡單和輕易拉開嘴角便能如願。若要徹底解除人生的苦惱，想要得到究竟解脫，只有信受八正道——正語、正身、正命、正精進、正念、正定、正見、正思惟——努力調整生活方式，落實聞、思、修的佛陀教示，才能得到解脫的快樂。

雖然，這位鄭老先生也許不是佛教徒，也沒有聞思什麼佛法，但他本著一片好意，立下誓願，發心供養和布施，而且躬親實踐自己的理念，目的要給人歡喜、給人愉快，進而使社會和諧，眾生都能受用……依照大乘佛教的解說，他便是如來派來世間的使者，正在行菩薩道了。

大乘佛教的實踐核心有六種，也就是「六波羅蜜」。

波羅蜜是梵文的音譯名詞。意謂我們居住的世界叫此岸，這裡充滿著迷惘與苦惱，但是，佛住在彼岸卻很幸福，那麼，世人怎樣能從此岸到彼岸呢？只有搭乘這「六波羅蜜」了。所以，六波羅蜜也叫做「六度」。

六波羅蜜包括布施、持戒、忍耐、精進、禪定和智慧六項。實踐六波羅蜜，在自我調整時，也積極利益眾生，叫做菩薩行，那麼，為了達到這個目標，努力不懈，便是菩薩，因此，人人皆能當菩薩，只看他肯不肯落實六度。

當年，佛陀所期待的佛國土，也正是希望大家實踐菩薩行，建立和諧安樂的菩薩社會。值得一提的是布施，不僅財施而已，還有無財施，而鄭老先生的「久笑法」布施與供養，正是屬於後者。

「慈悲喜捨」是佛弟子修行的全部，鄭姓老菩薩也是佛友們的範楷。

24 解脫以外又一章

從小到大，我不知從親友們的口裡耳聞了多少奇奇怪怪的事。有些會隨著歲月增長，和見識豐富，可以自己揭曉答案，而有些卻遲遲難解，好像謎題一樣留在心底，始終讓我驚異和迷惑，因為那不是靠知識能夠詮釋的，勿寧說，它屬於宗教範疇，凡是有關生命的奧秘，現代心理學未必能說得透徹，所以，我比較喜歡從神職人員或僧侶們口中找答案。只要一有機會，我都會主動向他們提出。

不料，根據以往的經驗，他們聽了都遲疑好久，才支吾其辭，或自圓其說，有答也等於無答，很難讓我滿意，有時反而愈扯愈遠，愈來愈不是答案。

且說很早以前，我讀過一段報載，覺得好生奇怪。那是說民國初年，有一位名叫宋教仁的革命功臣，因為有豐富的民主思想，強烈反對帝制，結果，被袁世凱派人在車站給人暗殺了。當他中槍倒地後，雖然已經斷氣，了無生機，卻死不瞑目，眼睛還睜著很大。在場一位革命同志知道他家有老母，一定放心不下，所以，立刻很悲痛地安慰他說：

「你安心去吧，我們會照顧你母親，像照顧自己的母親一樣，不會讓她受苦……。」

聽說他才慢慢閉上眼睛。我那時讀到這兒，便在尋思：

「難道他人死魂不散嗎?閻羅王派來的鬼卒強拉著他也不肯走嗎?」

當然，我那時也還沒有學佛，只會這樣驚訝、迷惑和猜測。

十年前我還住在新竹縣，有一名遠親開計程車，他年約三十出頭，結婚沒有幾年，家裡還有母親和許多弟妹，所以，生活的擔子很重。他這個人極有正義感，脾氣又暴躁，表現得嫉惡如仇……有一天，他在路上看見幾個流氓欺侮一名弱女子，雖然也在大白天，不遠處人來人往，卻無人敢走前來勸解，只有這位遠親路見不平，急忙下車前去勸架時，一言不合，被對方刺了兩刀，因為身中要害，當場斃命了。

兇手立刻逃走，警察趕到時，匆匆將死者送到殯儀館，聽說停了幾天也死不瞑目……直到他母親一邊撫摸他的雙眼，一邊哀慟地說：

「你放心去吧，兇手已經捉到了，家裡一切你不必掛念!」

果然，死者才閉上了眼睛……。

剛好三年前，一位家鄉人旅行到洛城，來舍下作客，偶而談起他父親雖然老死，年紀七十幾歲，生前有五個兒子，除了老三不務正業，結婚後又離婚，沈迷賭博，生活無著落，其餘的兒子也都成家立業，而且在社會上很體面了。

當他們的父親在台北仁愛醫院斷氣後，載回新竹老家，也始終沒有瞑目，兒孫一大堆都圍在亡父身邊大哭，但也都不知他為什麼不肯閉上眼睛?正在哀慟之際，老三好像心有所悟，突然放聲哀告父親說：

「爸爸，我以後再也不賭博了，我真對不起你……。」

這時，才看見他父親的雙眼慢慢閉上了。

以上三件奇異都屬於同一種現象，便是死不瞑目，果然不是無的放矢，而是確有其事，也是極不尋常，當然屬於人生的奧秘。我總認為心理學的解釋層次很膚淺，似乎靠推理，這跟人云亦云也沒有多大區別，那就是俗話說，人死後靈魂遲遲不肯走，尤其含冤而死的人，更是心不甘、情不願去向閻羅王報到，其實也未必這樣!?

學佛以後，我慢慢想從佛書裡找解答，其間，也的確讀到佛書上的若干解說，但又覺得它不夠詳實、不盡合理；原因是，並非每個作者或每本佛書都有高水平和合理解釋，故使我長期間停在迷惑與驚異中。直到不久前讀到兩位高僧的開示，才算得到重要的啟發，雖然，他們沒有直接解答，然而，卻讓我從中領悟到珍貴的線索，大體上明白圓滿和究竟的答案，會不難浮現出來。

這兩位大德是西藏密宗的卡盧仁波切，和台灣的印順導師。他們都有非常豐富和充滿智慧的著作，值得再三精讀。

先說卡盧仁波切曾經四度來美國弘法，受到他法乳的人遍及美加各地，而他有十篇極精彩的講稿，都編印成書，命名為《法》，已經由紐約州立大學出版後流通了。

這位大德在「死亡無懼」一篇中說過一段話，著實給我很大的震撼，也讓我得到意外的啟示。他說：

「一個死去的人，通常還是看得到很多事情，因為他還是個『識身』，這個神識能夠看到生前一切事物，包括丈夫、妻子、兒女等……還想像生前一樣跟他們說話，引起他們注意。結果，所有家人、親友，好像都看不到他，沒有辦法得到人們的反應之後，他才傷心懊惱，知道自己已經死了。」

那麼，俗稱人人有靈魂，在佛教說是神識，不會馬上隨著身死而後離去，也不會很快隨著業力在流轉，其間還有一段緩衝……。

我想，人若含冤而死，當然死得極不甘願，或對世間許多人事過份執迷，神識裡含有強烈的貪瞋癡，也會讓他遲遲不肯離開，才會不肯瞑目吧!?

還有印順導師在「解脫者之境界」一篇文裡，也提到一段很有智慧的話，給我極有力的開竅。他說：

「使我們不得自在的繫縛力，使我們生死輪迴而出頭出沒的，最根本的繫縛力，是對於（自然、社會、身心）環境的染著——愛。內心染著境界，如膠水的黏物，磁石的吸鐵那樣。由於染著，才使我們的內心起顛倒、欲望，發展為貪、瞋、癡等煩惱……。」

這段話雖然沒有直接回答我的疑惑，卻使我連想到許多人也許因為內心對世間某人某事有染著，包括愛與恨，執著不肯捨，明明色身死了，神識仍然對觸界而生起愛瞋、苦惱，所以才遲遲不願閉目，不想自在離去!?

佛經上有一則對話頗有意思，也指出人對自己所染愛會起執著，我想，對自己所瞋恨也不那麼容易放掉，才會一直掛礙到死還不甘休。有一次，佛問一位比丘：

「你身上穿的衣服，不小心而被撕破了，你心裡覺得怎樣呢？」

「心裡會很懊惱。」比丘答說。

「你在樹林中打坐，樹葉從樹上落下，你感到怎樣？」佛陀又問。

「沒有什麼感觸。」比丘回答。

於是，佛陀開示：「因為你對自己的衣服起我所執，而深深染著的關係。樹葉對於你，不以為是我所有，也不起染愛，所以才無動於衷。」

那麼，一個人若對自己所瞋恨、所心愛的人與事，始終耿耿於懷，當然活的時候不得自在，恐怕死後也難得消失，才讓神識也受到繫縛吧!?

順便一提『三國演義』裡，也有一段描寫關公被東吳呂蒙設計陷害後，孫權正在慶賀呂蒙時，忽見呂蒙把酒杯擲在地上，一手揪住孫權破口大罵，完全失去活人的語氣和說話內容，反而口吐關公平日對待孫權的感想——瞋恨不滿，而且自稱是關公。接著，呂蒙也倒在地上，七竅流血死了。後來，曹操拿到關公的頭顱，見關公面如平日，忍不住高興地說：「雲長公別來無恙？」話還沒說完，卻見關公張開嘴巴，轉動眼睛，連鬍鬚也豎立起來，可把曹操嚇壞了……。

當然，這也表示關公死不瞑目，瞋恨、憤怒與懊惱，讓他的神識一直沒有隨著自己的業力去輪迴吧!?

許多人誤會自殺可以解脫，其實不對，倘若一直煩惱染愛，被貪、瞋、癡綁得緊緊，憂苦無邊，如在火宅，即使身體死了，恐怕他的神識也未必得到解脫，照樣受制貪瞋癡等苦惱，死後也閉不上眼睛吧!?

佛陀再三教人要去執著，不要心有掛礙，目的也在此。且聽佛陀的教示怎樣去執著？

「若人於此世界中，覺悟消滅其自苦，放棄重負得解脫——我稱彼為婆羅門。」

25 世間罪業豈無因？

英國有兩名年齡只有十一歲的兒童，一個名叫湯普森，另一個叫做維納伯斯，一塊兒拐走一個只有兩歲的幼童，來到一個鐵道邊，先用石頭、鐵棒和磚頭痛毆對方，又輔以拳打腳踢，同時朝幼童的臉上噴油彩，將他折磨至死後，並將棄屍放在鐵軌上，隨後讓駛過的火車輾碎了。

這是報紙上的片段，讀後令人髮指，當然不在話下。這兩個小兇手也成了英國史上近二百五十年來最年輕的謀殺罪犯。

在法庭上，法官們都說這是「既邪惡又野蠻」，至於此件犯行的前因後果，都有過學者專家們發表意見了。

表面上，誰都知道這是教養出問題，首先是父母，俗話說：「子不教，父之過」，經過法庭調查後，果然發現兩個少年犯都出自破碎家庭，一個是單親，另一個是父母離過婚又復合。這樣家庭成長的孩子，缺乏充份愛心與關懷，才造成沒有溫情的人格。換句話說，這是雙方父母親無智無明，對不良教養的後果完全愚昧，也就是父母愚癡的原因。

有些社會學家說，孩子成長時期受到虐待，或天生的生理疾病如腦部受損等，也會造成行動偏差。事後調查他們可能看了太多暴力錄影帶，還有住區附近龍蛇雜處、犯罪率極高，也都會助長小兇手的惡行。

此外，學校教育也有不充份，不能盡到健全與更多的教學。一位名叫坎特的心理學家說得很耐人尋味：

「人類不是生下來就有人性，要在成長過程中才能逐漸成『人』，如果當中有任何扭曲，他便不會向別人反應出人性了。」勿寧說，人類不是天生可愛或有感情，談不上人性本善，一定得有好人好心去教導，讓他慢慢開竅，不然，也會像禽獸般不通人性，隨便亂來。這一來，家庭與學校的責任重大了。

而今法官判決兩名小兇手至少要在牢裡服刑二十年～廿五年。先要關在兒童戒護中心隔離室，因這個單位專管全國最危險、最暴戾的兒童，四週用高聳鐵絲網或圍牆，與外界完全隔絕……當然，這是現世果報，應受世間法律的制裁。

如依學佛的人看來，這樣解說和處理不夠週延，其間還有些問題值得思考。表面上，上述從兇手家庭、學校和法律方面來解決，也請專家分析兇手的心態及動機，但佛教是講因果，談業報，且涉及前輩子和下輩子。所以，小兇手和受害人以及雙方父母之間，前輩子應有若干扯不清的恩怨仇恨，輾轉輪迴，延續到這輩子因緣成熟，才出現必得的果報，而絕對不是空穴來風，突然冒出的兇殺案。

譬如兩個小兇手為何投胎到這樣的父母親？出生後又缺乏照顧和良好教養，才形成乘戾的個性？為何剛巧在這樣時間、地點和場合，竟像仇人見面，分外眼紅一樣鬧成如此慘劇呢？……諸如這些疑問都很難理解，總不能說樣樣湊巧，一切都偶然，天底下那有這麼多巧合與偶然呢？且偏又發生在他們身上呢？

如果信受佛法，那麼，自然會連想到他們背後有一股昔日的業力在牽引，只是世人無法知覺，但事實存在，猶如俗人所謂命運使然，其實是受到業力的絆羈，偏逢成熟的時間地點，才成了果報。

年僅十一歲的小兇犯，敢對兩歲幼童下非常毒手，顯然沒有現世的仇恨心，或任何猜忌與企圖，只能說愚昧無知，如今被關進戒護中心，不能讓父母親帶大，對兇手個人固然該受懲罰，同樣也在懲罰他們的父母，只要父母有點兒愛心，照樣受到傷害。然而，受害最慘重的，還是被害人和他的父母親了，一輩子也會嘗盡喪子之痛，而難以治癒。

不管兩名少年犯的動機怎樣？造下這樣的惡業，殘害無辜。除了現世報應，以後出獄的日子也未必好過，縱使不受良知責備，死後也難撇清這項惡業，還得自己負責到底，直到生生世世，一切報應結束。

總之，業力是不可思議的，《有部毗奈耶卷》上說：「不思議業力，雖遠必相牽。果報成熟時，求避終難脫。」

譬如在美國，每個月電話催繳單跟台灣不太一樣，因為這裡的電話催收單上，都寫明幾日幾時，打到何地，談了多久，該收多少錢？統統寫得很明白。我剛到洛杉磯那個月，曾跟六個同鄉共租一棟房舍，大家共用一個電話，也算方便自由，各人打各人的，到月初帳單一來，各人付各人的帳，誰也不必多繳少付，且無法抵賴，客觀準確。

這個使我領悟一項佛理，就是我們的業報，不也是這樣既公平、又明確嗎？各人所造的業，由各人去負責承受果報，別人不必幫忙，而且也不必逃避。

再說兩名少年犯也許身帶業垢或業塵，那是指他的性不淨而心被染污。誠如《金光明經》上說：「業垢者，業名動作；煩惱心動，成於垢染，亦可煩惱從宿業生，故名業垢。」說得淺白些，那也是一種業障病，這種病也因為宿昔有段惡業，才使他感染惡疾，會使人求生不能，求死不得，不是醫藥能夠醫治的。這時候，只有靠懺悔業障，讀經寫經，供養和讚嘆諸佛菩薩，布施法界的衆生，用這些功德才能消除業病的。倘若這兩個兇手能這樣做，也能除去自己的業障病，而不分族裔、種姓和年歲的。

業報裡，凡決定個人貧富、壽夭和命運的業，叫做滿業。最後，還是句老話，自身的業果是逃不掉的，佛陀有三不能，其中之一，就是不能扭轉或除掉果報或業報。

26 戰場英靈

有一年台海空戰，我國有位年輕飛行員打下一架中共飛機，讓對方的人機俱毀，但，這卻改變了我方那位飛行員的人生觀，使他長期間思考了一連串人生的問題。

原來，那位國內飛行員出征以前，中共就讓他的母親隔海廣播，要他「別作無謂的犧牲」，而他也知道自己有兄弟留在大陸，但是，當高空對決時，不能考慮那麼多，只想打下對方，不是你死便是我亡……，事後他心想，如果戰場上碰到「伯伯打叔叔」或「叔叔打伯伯」這樣親人對仗，難道也採取同樣誓不兩立的行動嗎？這筆恩怨的帳以後怎麼算呢？公道是非如何解釋？他迷惑了起來。

乍讀下，我也想起《三國演義》描述關公在麥城被捕，送到東吳遇難後，英魂不散，一直喊叫：「還我頭來」，到處找仇敵算帳，幸好有一位普淨禪師指點他說：

「昔非今是，一切休論；後果前因，彼此不爽。」

意指戰場廝殺的事，都有前因業報，很難說誰對誰錯，倘若你死了要向對方尋仇，那麼，當年被你殺死的人，豈非又回來向你報復？一切有三世因果，各得果報，不能怪誰。何況，戰場上各為其主，軍令如山，即使彼此私下沒有恩怨，面對不是你死，便是我亡的情狀，也只有各自造業了。自己今世造的業，雖然不見得這輩子會得到報應，一旦時機成熟，以後照樣會出現，絕對逃不過。所以，學佛的人常說：「自業自得」，意謂果報完全由自己承受，別人幫不上忙。

世事雖然無常，但因果業報的原則不變，戰場廝殺不僅牽涉前輩子的業力，更重視現世的因緣變化。譬如第二次世界大戰期間，德國日耳曼民族後裔的艾森豪將軍，也率領百萬大軍去攻打自己的老祖國，殺死自己無數的遠親，難道這樣也能論是非，評對錯？或者算舊帳論恩怨？這實在很難算，不過，戰爭會涉及共業與別業是不會錯。一旦業報到來，誰也阻擋不住，該受果報的人，連佛陀也救不了他。

例如《六度集經》有一篇故事，描述釋迦族的滅亡，讓釋尊眼睜睜看到自己族人淪亡悲慘，也愛莫能助，因為那是果報。其間，神通第一的目犍連看不過去，有意出手阻攔，撤下天網，保護釋迦城，釋尊反而阻止他說：

「這是釋迦族人的共業，你救不了他們。」

因此，這可證明種下惡種，必有惡報，誰也無法改變。佛經再三強調：「菩薩畏因，眾生畏果」也是這個道理。

所以，戰場的無數冤靈也來自共業的業報，而僥倖生還者屬於共業的別業，因有前世今生的福報所致使，而絕對不是偶然。

27 從「佛教徒改信外道」說起

生活在民主國家，信仰好像選舉，受到絕對尊重與保障，不乏佛教徒變為異教徒，實在不必驚訝，但，值得我們深思，也值得反省。

研究美國民俗與宗教多年的鄭教授說，美國有各種不同的宗教，也有各路英雄好漢式的傳教者，每天忙碌，本著佈道家的責任義務，竭盡所能，好像公司推銷員，打入社會各個階層，向芸芸衆生宣揚教理。

他們像要爭取優良成績、領取獎金一樣賣力。即使有些教派的教義乏善可陳，經由傳教者刻意充實、極力發揮、鍥而不捨地推展，也照樣得到好成績，信徒們趨之若鶩。因為他們都明白在各種宗教發展競爭非常劇烈的社會裡，若不設法或積極地去宏揚、爭取，也許會遭到被淘汰的命運。

不是蓋好道場或佈教所，就有信徒會自動上門來，再豐富與珍貴的教理，若不活用各種方便善巧，極力去吸引信徒，最後，即使不被淘汰，但也絕對不會日漸壯大，或成功發展，充其量聊備一格，讓人知道有這一教派罷了。

在洛城，有些中國佛教寺廟不幸地屬於這種類型，執著傳統作風，雖然不是妄自尊大，至少不夠積極、不夠入世，沿襲古代叢林的保守習慣，儼然跟外面的食衣住行或婆娑社會，劃成兩個不同世界。

以為有了寺廟佛堂，憑著卓越深妙的佛典，和佛陀、觀音等菩薩的招牌來號召，也足以吸收信徒，立足異邦，殊不知這是一廂情願，有悖生存競爭的現代潮流，漠視實際社會的進步原理，最後，也許只能讓人知道有佛教名詞而已。

反觀這裡的日蓮正宗、基督教、天主教、摩門教和一貫道的傳教方式就大不相同，全都表現得非常活躍、生動和積極。在好奇心驅使下，我曾經參加他們的聚會，事實上，那些教理平淡無奇，但，佈道家們費盡心機，服務熱忱的表現使人太興奮、太感動了。

平時，他們也勤於主動地關心、鼓勵、安慰和扶持需要幫忙的教友，讓他們在緊張和缺乏保障的生活壓力下，得到溫暖、同情，與濃厚的親和力，彷佛一位慈母扮演懷中抱子的角色，結果，當然很有成效。

一位姓張的越南華僑，世代信佛，來到美國不久，竟然改信基督。我疑惑地問他，終於聽到他的心聲：

「以前住在難民營，有天主教、基督教、摩門教、日蓮正宗等教團，都派人來慰問，送來日用品，惟獨不見以慈悲為懷的佛教團體或寺廟的人來，我難過極了。來到美國後，每逢假日，那些外教信徒也經常來關心、鼓勵，甚至幫我謀職、找房子、辦貸款，任勞任怨助我解決不少實際的困擾，我真是又感激又感動。

但是，附近的一家中國寺廟，從來不跟我們來往，態度冷漠。這樣，我就不知不覺地信仰基督了。現在，我也喜歡基督的博愛，而且，懷著回饋的心情，關懷後來的新移民，實踐一些具體的事實，總比只空喊大口號的慈悲要好。」

一天，一位開餐廳的李老板也透露：

「因為職業的關係，我接觸過九流三教，每逢例假日，都有基督教、天主教、一貫道和日蓮宗的信徒們登門訪問，並主動邀請我去參與，問長問短，關心我的生意、家庭生活和娛樂等狀況，大家都很親熱，保持密切的連繫，彷彿一個大家庭，讓我不自覺地得到許多意外的好處，精神有寄托，情緒穩定，對生意更有幹勁，甚至也解除廚房裡忙碌的厭倦疲勞。可是，從開始到現在，我就不曾遇到佛教徒朋友主動邀我去做法會，或講些佛法給我聽，也許連他自己也不知道有什麼佛法存在？」

一位窮困的白人鄰居，每天奔波為三餐和房租，我看他卻依然不時面露微笑，親切跟我打招呼，好像不把自己的難處放在心上，倒令我十分佩服，直到有一天，我走進他的臥房，發現牆角放一張小桌子，供奉日蓮宗的牌位，也放有英文版的妙法蓮華經，我才恍然知道他的精力和鬥志的來源與秘密，我不禁好奇地問他，怎麼會信仰東方來的日蓮正宗呢？

「一位信仰日蓮宗的日本朋友一直邀我去參加他們的聚會，起初出於好奇，不久，他們不斷給我書看，內容都沒有跟我的生活脫節，蠻有意思，我自然也信仰它了。」

這是肺腑之言，卻使我深思，也使我警醒。

一天，我從報上獲悉香港來一位佛教大德，將於某日某時，在某大飯店二樓弘法，題目似乎是「佛教的特色」。當天，我興致勃勃偕同兩位非佛教徒朋友去，一位華裔和一位精通中文的美國白人學者。我們足足聽完一個半小時，歸途中，我問他們感想怎樣？華裔友人回答：

「只聽懂釋迦牟尼佛、觀音菩薩和若干部佛經名號，其他內容的印象模糊。」

美國人教授的答話比較具體，但似語重心長，又近乎央求地說：

「在美國，許多人寧願坐領救濟金，而不事勞動。他們待天一亮，就盼望錢會從天上落下來，根本不懂『不勞而獲』是一種羞恥。加州的美國人家庭，幾乎有半數的家長是離過婚，父不像父，子不像子，彼此不知倫理為何物？全國有幾千幾百萬人，陶醉在吸大痲的刺激興奮裡，不務正業，難道佛法裡沒有適宜的東西提供給美國人嗎？我不想懂得太高深的教理，只想知道佛教的家庭觀，佛教的職業觀、愛情觀、道德觀或金錢觀怎樣？」

旁觀者清，看似童言無忌，卻像暮鼓晨鐘，最好的證言，不得不令人感激。

對於任何宗教，尤其對於佛教，美國無異是一片沃土，這種環境暫必遇到劇烈的競爭；幸好高僧大德，世代累積的豐富佛典，三藏十二部，不畏懼任何強敵，但若不積極、不努力、不主動活用方便善巧，接觸實際的社會生活，和無量衆生，恐怕也難得成就美好的綠野福田。

洛城一個佛學社由幾位年輕的出家在家佛教徒組成，發心者的佛學造詣頗為紮實，平時熱心弘法。自己沒有固定道場，卻常常借用信徒家裡的客廳，甚至到公園露天弘法，滔滔不絕、汗流浹背。兩年後，只證明其志可嘉，影響不大，因為聽衆不見增多。

據我所知，他把佛學院裡授課的教材，拿到大庭廣衆之前，面對程度和欲望都不大相同的男女老幼，照本宣科，殊不知佛學與佛法有些不同，前者屬於學問，重視研究；後者屬於信仰，講求受用和益處，不論場合、對象與境界都不相同，倘若錯用內容與例證，忽視這些差別的存在，效果適得其反，不但使熱心來學佛，盼望要成佛的初學者，和非佛教徒，不得其門而入，反而打退堂鼓，或改信其他輕鬆易懂的「外道」了。

佛渡有緣人，殊勝因緣，固然可喜可賀；事實上，並非人人都有這種幸會或際遇，弘法者或所有三寶弟子，本著佛陀救人濟世的悲願，儘量給人機會，給人歡喜，刻意製造方便，安排因緣，積極接引衆生，仍然不可忽視。尤其，高僧大德把修持多年的寶貴體驗，和淵博的佛學造詣，融會貫通，深入淺出，用自己的話講出來，讓凡夫受用，和非佛教徒聽懂，使大家都能分享佛法的淨樂，不是更親切、更圓滿嗎？

在大庭廣衆之下，搬出許多陌生名詞，或在文字弘法時，引用繁雜的經典，摘章尋句，故弄玄虛，當真沒有實教。佛書旨在流通，這樣的佛書會流不出去。

不僅在美國這樣，像佛法裡的「無常」、「因果」、「業力」、「空」等稀有智慧，放諸四海而皆準，其豐富的內涵、動人的例證，也照樣能在台灣有充分發揮的餘地，譬如用來開導成千上萬沈迷股票、放棄正業的男女老幼；警戒成天喊著奉獻服務，卻在暗地裡醉心五慾，翻滾紅塵的貪婪之徒，以及說不盡既可憐憫，又企待拯救的迷妄凡夫，像那群既得利益者，那知道有天理存在？

至此，我猛然想起一位商場得意的同鄉，透露成功的秘訣時，我不禁連聲叫好。他說：「現在做生意不同以前，古代是貨品缺乏，擺得出貨品，不怕沒人上門買，而且很快能夠賣得完。現在有各式各樣的貨品，加上機械生產快速，大家競爭劇烈，再好的貨品，若不講求包裝廣告，也怕無人問津。這時，老板要動腦筋去推銷，銷售領導生產，行銷伎倆有時反比貨品本質還重要。」

的確，新疆和闐的寶玉，出類拔萃，但要經過技工一陣琢磨；景德鎮的瓷土，一枝獨秀，也要靠瓦工細心地燒煉；紹興的水質，非比尋常，也要專人來調配釀造。這些優美的本質，都要靠專家刻意加工，才能馳名於世，技巧地推銷，才能通暢無阻。

佛法雖然是人間罕見的至寶，也要像現代商人那樣細心整理美化，極力廣告，才能打動人心，利益眾生。尤其，生活在現代社會裡，誰不渴求佛法的滋潤？誰不需要佛法來引渡？

生活在事事講求效率，時時追求進步的環境，身為三寶弟子，眼見外道們不甘示弱，入境問俗，活躍人間，積極傳教，不禁心驚動魄。感觸之餘，反而猛說佛教不是，責備護法弘法不夠主動，也許會被人誤會長他人志氣，滅自己的威風，佛陀留下三藏十二部，何懼之有？那是他長睡未醒、痴人夢話。

現在，我深切體會「愛之深，責之切」。果然是經驗裡流露出來的。

28 美國黑人也能學佛嗎？

——人人皆有佛性——

許多外國觀光客抵達洛杉磯——美國第二大都市，走到市中心目睹成群的黑人族裔，衣衫襤褸，蓬頭垢面，會立刻對美國產生惡劣的印象。洛城市中心的幾十里範圍，等於一大貧民窟，也是黑人擁擠和窩藏所在。那裡的街道，大樓走廊，各個巷道和轉角，甚至公園草坪上、大樹下，都有無數的黑人在漫步，坐下或躺著，百無聊賴，無所事事。別說黃昏或夜晚，即使大白天也很少人敢接近他們。有一天，我開車載著女兒經過黑人區，目睹幾個黑人漢子正在伸手向路人行乞，女兒忍不住問我：

「爸爸，黑人也能學佛嗎？」

當時，我回答很肯定。我向女兒解釋，佛陀說衆生都有佛性，黑人也不例外。此外，我又引出《六祖壇經》，六祖慧能初訪五祖時，有一段不朽的對話：

「你是嶺南人，又是獦獠，怎能成佛呢？」

慧能毫不猶豫地回答：「人雖有南北，佛性本無南北。獦獠身與和尚不同，佛性又有何差別？」

今若把獦獠跟黑人對換，答案不是一樣嗎？黑人能夠學佛和成佛，還有什麼疑問呢？

根據最近調查，黑人族裔佔全國總人口的百分之十二，比率雖然不偏高，但他們對美國社會影響很大。有人譏笑黑人是被上帝丟棄的民族，這句話給黑人的心理傷害極大。有些外國人也替美國嘆息，一定上輩子作孽或造惡業，才有眼前的黑人問題。

總之，大家都認為美國黑人無疑給社會帶來沈重的負面作用。世間不分種族、身份、學問、膚色……都能學佛和成佛。膚色和族裔根本不是學佛成佛的阻礙，只要有善根，又肯勤修佛法，所證的果位都一樣，沒有層次的高低。

釋尊說自己只有三不能——一不能度盡一切衆生，二不能度無緣的衆生，三不能轉動衆生的業，因為衆生的業，還是要靠自己去轉。所謂心轉，業即轉。黑人若不在此限，佛也當然會度他們到彼岸。

記憶裡，台灣來的一位法師公開說過，寺裡曾經飼養一條狗，牠也常常聽經，後來病死火化時，居然燒出若干顆舍利子。我想連畜生都有如此成就，為何黑人不能學佛呢？

一位台灣大學心理系出身的李姓女居士，曾經在台北參與生命線的救助工作，不久，她來美國進修心理學，得到博士學位後，就在洛城聖但莫尼卡市經營心理治療中心。在她治療的病人裡，有一名黑人主婦，病情頗為特殊。據李居士透露，這名黑女人事實上沒有病，只是觀念上看不開罷了。因為這個黑女人婚後不久離了婚，家裡有一個八歲的小女兒，她本人在附近一間成衣廠上班，待遇不好，她想離家很近，不必開車也能去，可以省下交通費。所以，她忍受苛薄的待遇，連續工作五年。平時生活節省，居然也有些儲蓄了。

一天，她看見家門前來了一個墨西哥籍的少女，略通英語，身體羸弱，伸手向她行乞。黑女人一看就知道對方飢餓，很不忍心看她那副可憐狀，終於叫她進入屋裡，端出牛奶和麵包給她吃。同時，問她怎會流淚到這裡呢？對方答說，自己剛從墨西哥偷渡進來，準備投靠親戚，身上的盤費用光，親戚已經搬走，自己又找不到事做，到目前已有三天不曾吃東西，才會累成這個樣子，說到這裡，只見她的眼淚掉個不停。黑女人叫她儘量吃個飽，家裡的麵包不成問題。

接著，黑女人問她要找什麼事做呢？有沒有專長呢？吃飽後準備上那兒去？墨西哥少女答說，自己什麼事都能幹，只要有工資可以解決民生問題，也不計較待遇高低。

她表示自己出身農家，父母是墨西哥的果園工人，自己從小就習慣農場和果園的作業。不過，洛城一帶沒有農場和果園，必須開車幾個小時，才能到郊外農場，而自己沒有車可去。眼前舉目無親，墨西哥少女表示何去何從，自己也沒有主意。

黑女人心想，既然你不計較待遇，又無處可去，乾脆幫人幫到底，問她要不要去成衣廠打雜？晚上回來睡在自家的地板？這樣可以暫時解決燃眉的困境？然後，再慢慢設法或打聽親戚的下落。當然，那個墨西哥少女千恩萬謝地答應了。

其實，類似墨西哥少女流淚的事情，在美國實在太多了。恐怕不只墨西哥人如此，所有剛來美國的移民，如果身上帶錢不多，又無一技之長，或言語不通，舉目無親時，情境都是如此，甚至更悲哀，更悽慘……。

那個墨西哥少女的運氣還算不錯，幸而遇到一位慈善的黑女人收留她。顯然是三生有幸，彼此有緣。

不料，墨西哥少女在成衣廠打雜不到一星期，有一天，當黑女人下班回家一看，臥室亂七八糟，顯然被人翻箱倒櫃過了，她立刻判斷不是女兒的惡作劇，下意識想起那個名叫瑪利亞的墨裔少女，難道是她的傑作嗎？一想到此，她氣憤極了。瑪利亞怎會恩將仇報呢？如此不通情理呢？她很傷心地檢點一下，到處狼藉不堪的衣服和化妝品。

結果，讓她更心寒的是，自己辛苦儲蓄五百多元現款也不見，這一下使她簡直承受不了，不禁躺在床上放聲大哭……，直到女兒放學回家，問媽媽到底發生什麼事啦？黑女人才告訴女兒事情可能發生的經過。女兒聽了也大罵瑪利亞不是人，像禽獸一樣可惡。

直到黃昏，仍然不見瑪利亞回來，果然不出黑女人的意料。知人知面不知心，黑女人一想到瑪利亞，心裡痛恨的程度，不言可喻。從此以後，黑女人不僅傷心和失望自己的多年儲蓄成了泡影，而且，她的心態逐漸對所有墨西哥女人有了偏差。她認為所有墨裔婦女都是無情無義的小偷、賊子……之後過了三年，黑女人每次看見墨西哥女人，都會心裡暗罵：「豬女人，賊貨……」。有時甚至恨到極點，竟會忍不住握緊拳頭發抖叫罵，不論坐在公共汽車上，或走在路上都不例外……。

當然，黑女人的遭遇值得同情，不過，她的心態和觀念顯然錯誤，並非所有墨裔女人都不誠實，或不知情義。凡事不能以偏概全，因為所有族裔裡，都有好人和壞人，這是很普通的常識。可憐，黑女人偏偏不承認這個世間的常識，日子一久，自己反而成了一個不講理又固執的女人。

李居士了解事情的真相後，除了分析上述的理由，還特別用佛法，即因果和輪迴觀來教誨黑女人：

「那是你上輩子欠她的債沒還清，她這輩子才回來向你要債，你當然要還她，也許連本帶利向你索回……，這是絕對逃不掉的。倘若不是這樣，她純粹居心險惡，特地來向你欺詐的話，或者，她索的欠債超過太多，那麼，有一天，因緣成熟，某時某地再碰面時，她照樣也會償還。她不可能逃債，這是天經地義的。所以，你心裡不必一直詛咒她，也不要執著所有墨西哥女人都是壞蛋，反而是你自己要想開些……。」

不料，黑女人聽了十分高興，連聲坦述自己果然錯了，以後一定會改正觀點。果然，她以後經常來電話向李居士問好和道謝。表示自己聽了因果和輪迴的佛理，非常受用，也對於世間許多事情看得比較開些……。

依據佛學辭典上說，只要懂因果，即等於有正見，也無異學佛的最佳善根。這個黑女人只是一個例子，但也能證明黑人可以學佛，或證果。

據說美國一流大學裡，幾乎沒有黑人學生，在比較高級的工作崗位也少見黑人，更何況黑人主管。許多人認為美國黑人又笨又懶，簡直自作孽，應該自食惡果。縱使事實如此，也不能以偏概全，只要有善根，又肯種福田，照樣可以證果。

例如，佛陀的一位大弟子叫做槃特，也是以笨蠢出名，倘用現代的話說，他是一個十足白痴，真正朽木不可雕也。因為他連「掃帚」兩字都不能同時記住，更別說懂得經典。誰知他勤於修持，有一天忽然明白：「掃帚原來是要掃盡心裡的貪瞋痴……。」從此證得阿羅漢果了。根據淨土法門說，只需念一句阿彌陀佛，會到一心不亂，即能往生西方，不懂其他經典也無妨，鈍根學佛，似乎念佛最好。

我在黑人區居住半年，深知黑人容易執著種族膚色，而起自卑感，或被歧視心。他們時時覺得被白人瞧不起，或被虐待，而起瞋恚心與仇恨心，這樣顚倒妄想，只會一直墮落。其實，勤奮守法不是天生的，只怕自己不做而已。舉目所見，的確有太多黑人族裔，不知上進，只會向政府領救濟金，生活在懶惰與貧困的惡性循環中。真是自作自受，不能怪人。

美國都市生活沒有傳統、習俗和情理等拘束力，只要不犯法，我行我素，愛怎樣就怎樣，誰也管不著。如果生活腐爛、沈迷吃喝嫖賭，結果不但要自作自受，同時，也會失去人生價值，漫無目標。黑人社區的生活情狀大致如此。依我看，他們只有學佛，才是自救自助的唯一途徑。問題是，有沒有機緣接觸佛法？……。

黑人要學佛，有兩大秘訣。第一是治標，即生活要嚴守五戒，據我所知，他們除了不殺生，幾乎都迷在偷竊、邪淫、妄語、飲酒吸毒等惡習裡，處處違反佛戒。所以，先要根絕生活的壞習慣。第二是治本，即發慚愧心與精進心。慚愧是十一善法中的二種善心所。有了慚愧心，才能惶恐無已，除去內心的三毒，真正認識自己。對治懶怠，只有依賴精進心。精進是入道之門，而懈怠是退轉的路，只要他們肯發心，一發便修，一修不退轉、不間斷，才能奠定佛道的根基。普賢菩薩有一句偈語：

「當勤精進，如救頭燃，但念無常，慎勿放逸。」

所以，黑人當然能學佛，也能成佛證悟。反之，妄自菲薄，不肯珍惜福報的任何族裔，縱使有最好的資質，也是枉然，不能成就佛道。《法句經》有兩首偈語值得奉行：

「應作而不作，不應作而作，傲慢放逸者，彼之漏增長。」（二九二）

「常精勤觀身，不作不應作，應作則常作，觀者漏滅盡。」（二九三）

大展出版社有限公司 圖書目錄

地址：台北市北投區11204
致遠一路二段12巷1號
郵撥： 0166955～1

電話：(02) 8236031
8236033
傳真：(02) 8272069

•法律專欄連載•電腦編號 58

台大法學院 法律學系／策劃
法律服務社／編著

①別讓您的權利睡著了1	200元
②別讓您的權利睡著了2	200元

•秘傳占卜系列•電腦編號 14

①手相術	淺野八郎著	150元
②人相術	淺野八郎著	150元
③西洋占星術	淺野八郎著	150元
④中國神奇占卜	淺野八郎著	150元
⑤夢判斷	淺野八郎著	150元
⑥前世、來世占卜	淺野八郎著	150元
⑦法國式血型學	淺野八郎著	150元
⑧靈感、符咒學	淺野八郎著	150元
⑨紙牌占卜學	淺野八郎著	150元
⑩ＥＳＰ超能力占卜	淺野八郎著	150元
⑪猶太數的秘術	淺野八郎著	150元
⑫新心理測驗	淺野八郎著	150元

•趣味心理講座•電腦編號 15

①性格測驗１	探索男與女	淺野八郎著	140元
②性格測驗２	透視人心奧秘	淺野八郎著	140元
③性格測驗３	發現陌生的自己	淺野八郎著	140元
④性格測驗４	發現你的真面目	淺野八郎著	140元
⑤性格測驗５	讓你們吃驚	淺野八郎著	140元
⑥性格測驗６	洞穿心理盲點	淺野八郎著	140元
⑦性格測驗７	探索對方心理	淺野八郎著	140元
⑧性格測驗８	由吃認識自己	淺野八郎著	140元
⑨性格測驗９	戀愛知多少	淺野八郎著	140元

⑩性格測驗10	由裝扮瞭解人心	淺野八郎著	140元
⑪性格測驗11	敲開內心玄機	淺野八郎著	140元
⑫性格測驗12	透視你的未來	淺野八郎著	140元
⑬血型與你的一生		淺野八郎著	140元
⑭趣味推理遊戲		淺野八郎著	140元

•婦 幼 天 地•電腦編號16

①八萬人減肥成果	黃靜香譯	150元
②三分鐘減肥體操	楊鴻儒譯	150元
③窈窕淑女美髮秘訣	柯素娥譯	130元
④使妳更迷人	成　玉譯	130元
⑤女性的更年期	官舒妍編譯	130元
⑥胎內育兒法	李玉瓊編譯	120元
⑦早產兒袋鼠式護理	唐岱蘭譯	200元
⑧初次懷孕與生產	婦幼天地編譯組	180元
⑨初次育兒12個月	婦幼天地編譯組	180元
⑩斷乳食與幼兒食	婦幼天地編譯組	180元
⑪培養幼兒能力與性向	婦幼天地編譯組	180元
⑫培養幼兒創造力的玩具與遊戲	婦幼天地編譯組	180元
⑬幼兒的症狀與疾病	婦幼天地編譯組	180元
⑭腿部苗條健美法	婦幼天地編譯組	150元
⑮女性腰痛別忽視	婦幼天地編譯組	150元
⑯舒展身心體操術	李玉瓊編譯	130元
⑰三分鐘臉部體操	趙薇妮著	120元
⑱生動的笑容表情術	趙薇妮著	120元
⑲心曠神怡減肥法	川津祐介著	130元
⑳內衣使妳更美麗	陳玄茹譯	130元
㉑瑜伽美姿美容	黃靜香編著	150元
㉒高雅女性裝扮學	陳珮玲譯	180元
㉓蠶糞肌膚美顏法	坂梨秀子著	160元
㉔認識妳的身體	李玉瓊譯	160元
㉕產後恢復苗條體態	居理安・芙萊喬著	200元
㉖正確護髮美容法	山崎伊久江著	180元

•青 春 天 地•電腦編號17

①A血型與星座	柯素娥編譯	120元
②B血型與星座	柯素娥編譯	120元
③O血型與星座	柯素娥編譯	120元
④AB血型與星座	柯素娥編譯	120元

⑤青春期性教室	呂貴嵐編譯	130元
⑥事半功倍讀書法	王毅希編譯	130元
⑦難解數學破題	宋釗宜編譯	130元
⑧速算解題技巧	宋釗宜編譯	130元
⑨小論文寫作秘訣	林顯茂編譯	120元
⑪中學生野外遊戲	熊谷康編著	120元
⑫恐怖極短篇	柯素娥編譯	130元
⑬恐怖夜話	小毛驢編譯	130元
⑭恐怖幽默短篇	小毛驢編譯	120元
⑮黑色幽默短篇	小毛驢編譯	120元
⑯靈異怪談	小毛驢編譯	130元
⑰錯覺遊戲	小毛驢編譯	130元
⑱整人遊戲	小毛驢編譯	120元
⑲有趣的超常識	柯素娥編譯	130元
⑳哦！原來如此	林慶旺編譯	130元
㉑趣味競賽100種	劉名揚編譯	120元
㉒數學謎題入門	宋釗宜編譯	150元
㉓數學謎題解析	宋釗宜編譯	150元
㉔透視男女心理	林慶旺編譯	120元
㉕少女情懷的自白	李桂蘭編譯	120元
㉖由兄弟姊妹看命運	李玉瓊編譯	130元
㉗趣味的科學魔術	林慶旺編譯	150元
㉘趣味的心理實驗室	李燕玲編譯	150元
㉙愛與性心理測驗	小毛驢編譯	130元
㉚刑案推理解謎	小毛驢編譯	130元
㉛偵探常識推理	小毛驢編譯	130元
㉜偵探常識解謎	小毛驢編譯	130元
㉝偵探推理遊戲	小毛驢編譯	130元
㉞趣味的超魔術	廖玉山編著	150元
㉟趣味的珍奇發明	柯素娥編著	150元

•健 康 天 地• 電腦編號18

①壓力的預防與治療	柯素娥編譯	130元
②超科學氣的魔力	柯素娥編譯	130元
③尿療法治病的神奇	中尾良一著	130元
④鐵證如山的尿療法奇蹟	廖玉山譯	120元
⑤一日斷食健康法	葉慈容編譯	120元
⑥胃部強健法	陳炳崑譯	120元
⑦癌症早期檢查法	廖松濤譯	130元
⑧老人痴呆症防止法	柯素娥編譯	130元

⑨松葉汁健康飲料	陳麗芬編譯	130元
⑩揉肚臍健康法	永井秋夫著	150元
⑪過勞死、猝死的預防	卓秀貞編譯	130元
⑫高血壓治療與飲食	藤山順豐著	150元
⑬老人看護指南	柯素娥編譯	150元
⑭美容外科淺談	楊啟宏著	150元
⑮美容外科新境界	楊啟宏著	150元
⑯鹽是天然的醫生	西英司郎著	140元
⑰年輕十歲不是夢	梁瑞麟譯	200元
⑱茶料理治百病	桑野和民著	180元
⑲綠茶治病寶典	桑野和民著	150元
⑳杜仲茶養顏減肥法	西田博著	150元
㉑蜂膠驚人療效	瀨長良三郎著	150元
㉒蜂膠治百病	瀨長良三郎著	150元
㉓醫藥與生活	鄭炳全著	160元
㉔鈣聖經	落合敏著	180元
㉕大蒜聖經	木下繁太郎著	160元

•實用女性學講座•電腦編號 19

①解讀女性內心世界	島田一男著	150元
②塑造成熟的女性	島田一男著	150元

•校 園 系 列•電腦編號 20

①讀書集中術	多湖輝著	150元
②應考的訣竅	多湖輝著	150元
③輕鬆讀書贏得聯考	多湖輝著	150元
④讀書記憶秘訣	多湖輝著	150元
⑤視力恢復！超速讀術	江錦雲譯	160元

•實用心理學講座•電腦編號 21

①拆穿欺騙伎倆	多湖輝著	140元
②創造好構想	多湖輝著	140元
③面對面心理術	多湖輝著	140元
④偽裝心理術	多湖輝著	140元
⑤透視人性弱點	多湖輝著	140元
⑥自我表現術	多湖輝著	150元
⑦不可思議的人性心理	多湖輝著	150元
⑧催眠術入門	多湖輝著	150元

⑨責罵部屬的藝術	多湖輝著	150元
⑩精神力	多湖輝著	150元
⑪厚黑說服術	多湖輝著	150元
⑫集中力	多湖輝著	150元
⑬構想力	多湖輝著	150元
⑭深層心理術	多湖輝著	160元
⑮深層語言術	多湖輝著	160元
⑯深層說服術	多湖輝著	180元

・超現實心理講座・電腦編號 22

①超意識覺醒法	詹蔚芬編譯	130元
②護摩秘法與人生	劉名揚編譯	130元
③秘法！超級仙術入門	陸　明譯	150元
④給地球人的訊息	柯素娥編著	150元
⑤密教的神通力	劉名揚編著	130元
⑥神秘奇妙的世界	平川陽一著	180元

・養 生 保 健・電腦編號 23

①醫療養生氣功	黃孝寬著	250元
②中國氣功圖譜	余功保著	230元
③少林醫療氣功精粹	井玉蘭著	250元
④龍形實用氣功	吳大才等著	220元
⑤魚戲增視強身氣功	宮　嬰著	220元
⑥嚴新氣功	前新培金著	250元
⑦道家玄牝氣功	張　章著	180元
⑧仙家秘傳袪病功	李遠國著	160元
⑨少林十大健身功	秦慶豐著	180元
⑩中國自控氣功	張明武著	220元

・社會人智囊・電腦編號 24

①糾紛談判術	淸水增三著	160元
②創造關鍵術	淺野八郎	150元
③觀人術	淺野八郎	180元

・精 選 系 列・電腦編號 25

①毛澤東與鄧小平	渡邊利夫等著	280元

・心 靈 雅 集・電腦編號00

①禪言佛語看人生	松濤弘道著	180元
②禪密教的奧秘	葉逯謙譯	120元
③觀音大法力	田口日勝著	120元
④觀音法力的大功德	田口日勝著	120元
⑤達摩禪106智慧	劉華亭編譯	150元
⑥有趣的佛教研究	葉逯謙編譯	120元
⑦夢的開運法	蕭京凌譯	130元
⑧禪學智慧	柯素娥編譯	130元
⑨女性佛教入門	許俐萍譯	110元
⑩佛像小百科	心靈雅集編譯組	130元
⑪佛教小百科趣談	心靈雅集編譯組	120元
⑫佛教小百科漫談	心靈雅集編譯組	150元
⑬佛教知識小百科	心靈雅集編譯組	150元
⑭佛學名言智慧	松濤弘道著	180元
⑮釋迦名言智慧	松濤弘道著	180元
⑯活人禪	平田精耕著	120元
⑰坐禪入門	柯素娥編譯	120元
⑱現代禪悟	柯素娥編譯	130元
⑲道元禪師語錄	心靈雅集編譯組	130元
⑳佛學經典指南	心靈雅集編譯組	130元
㉑何謂「生」　阿含經	心靈雅集編譯組	150元
㉒一切皆空　般若心經	心靈雅集編譯組	150元
㉓超越迷惘　法句經	心靈雅集編譯組	130元
㉔開拓宇宙觀　華嚴經	心靈雅集編譯組	130元
㉕真實之道　法華經	心靈雅集編譯組	130元
㉖自由自在　涅槃經	心靈雅集編譯組	130元
㉗沈默的教示　維摩經	心靈雅集編譯組	150元
㉘開通心眼　佛語佛戒	心靈雅集編譯組	130元
㉙揭秘寶庫　密教經典	心靈雅集編譯組	130元
㉚坐禪與養生	廖松濤譯	110元
㉛釋尊十戒	柯素娥編譯	120元
㉜佛法與神通	劉欣如編著	120元
㉝悟（正法眼藏的世界）	柯素娥編譯	120元
㉞只管打坐	劉欣如編譯	120元
㉟喬答摩・佛陀傳	劉欣如編著	120元
㊱唐玄奘留學記	劉欣如編譯	120元
㊲佛教的人生觀	劉欣如編譯	110元
㊳無門關（上卷）	心靈雅集編譯組	150元

㊴無門關（下卷）	心靈雅集編譯組	150元
㊵業的思想	劉欣如編著	130元
㊶佛法難學嗎	劉欣如著	140元
㊷佛法實用嗎	劉欣如著	140元
㊸佛法殊勝嗎	劉欣如著	140元
㊹因果報應法則	李常傳編	140元
㊺佛教醫學的奧秘	劉欣如編著	150元
㊻紅塵絕唱	海　若著	130元
㊼佛教生活風情	洪丕謨、姜玉珍著	220元
㊽行住坐臥有佛法	劉欣如著	160元
㊾起心動念是佛法	劉欣如著	160元

•經 營 管 理•電腦編號 01

◎創新經營六十六大計（精）	蔡弘文編	780元
①如何獲取生意情報	蘇燕謀譯	110元
②經濟常識問答	蘇燕謀譯	130元
③股票致富68秘訣	簡文祥譯	100元
④台灣商戰風雲錄	陳中雄著	120元
⑤推銷大王秘錄	原一平著	100元
⑥新創意•賺大錢	王家成譯	90元
⑦工廠管理新手法	琪　輝著	120元
⑧奇蹟推銷術	蘇燕謀譯	100元
⑨經營參謀	柯順隆譯	120元
⑩美國實業24小時	柯順隆譯	80元
⑪撼動人心的推銷法	原一平著	150元
⑫高竿經營法	蔡弘文編	120元
⑬如何掌握顧客	柯順隆譯	150元
⑭一等一賺錢策略	蔡弘文編	120元
⑯成功經營妙方	鐘文訓著	120元
⑰一流的管理	蔡弘文編	150元
⑱外國人看中韓經濟	劉華亭譯	150元
⑲企業不良幹部群相	琪輝編著	120元
⑳突破商場人際學	林振輝編著	90元
㉑無中生有術	琪輝編著	140元
㉒如何使女人打開錢包	林振輝編著	100元
㉓操縱上司術	邑井操著	90元
㉔小公司經營策略	王嘉誠著	100元
㉕成功的會議技巧	鐘文訓編譯	100元
㉖新時代老闆學	黃柏松編著	100元
㉗如何創造商場智囊團	林振輝編譯	150元

㉘十分鐘推銷術	林振輝編譯	120元
㉙五分鐘育才	黃柏松編譯	100元
㉚成功商場戰術	陸明編譯	100元
㉛商場談話技巧	劉華亭編譯	120元
㉜企業帝王學	鐘文訓譯	90元
㉝自我經濟學	廖松濤編譯	100元
㉞一流的經營	陶田生編著	120元
㉟女性職員管理術	王昭國編譯	120元
㊱ＩＢＭ的人事管理	鐘文訓編譯	150元
㊲現代電腦常識	王昭國編譯	150元
㊳電腦管理的危機	鐘文訓編譯	120元
㊴如何發揮廣告效果	王昭國編譯	150元
㊵最新管理技巧	王昭國編譯	150元
㊶一流推銷術	廖松濤編譯	150元
㊷包裝與促銷技巧	王昭國編譯	130元
㊸企業王國指揮塔	松下幸之助著	120元
㊹企業精銳兵團	松下幸之助著	120元
㊺企業人事管理	松下幸之助著	100元
㊻華僑經商致富術	廖松濤編譯	130元
㊼豐田式銷售技巧	廖松濤編譯	120元
㊽如何掌握銷售技巧	王昭國編著	130元
㊿洞燭機先的經營	鐘文訓編譯	150元
52新世紀的服務業	鐘文訓編譯	100元
53成功的領導者	廖松濤編譯	120元
54女推銷員成功術	李玉瓊編譯	130元
55ＩＢＭ人才培育術	鐘文訓編譯	100元
56企業人自我突破法	黃琪輝編著	150元
58財富開發術	蔡弘文編著	130元
59成功的店舖設計	鐘文訓編著	150元
61企管回春法	蔡弘文編著	130元
62小企業經營指南	鐘文訓編譯	100元
63商場致勝名言	鐘文訓編譯	150元
64迎接商業新時代	廖松濤編譯	100元
66新手股票投資入門	何朝乾　編	180元
67上揚股與下跌股	何朝乾編譯	180元
68股票速成學	何朝乾編譯	180元
69理財與股票投資策略	黃俊豪編著	180元
70黃金投資策略	黃俊豪編著	180元
71厚黑管理學	廖松濤編譯	180元
72股市致勝格言	呂梅莎編譯	180元
73透視西武集團	林谷燁編譯	150元

國立中央圖書館出版品預行編目資料

起心動念是佛法／劉欣如著．—初版
—臺北市：大展，民84
面；　　公分．—（心靈雅集；49）
ISBN 957-557-512-1（平裝）

1.佛教——弘法

225.5　　　　84003861

ISBN 957-557-512-1

起心動念是佛法

著　　者／劉　欣　如
發 行 人／蔡　森　明
出 版 者／大展出版社有限公司
社　　址／台北市北投區（石牌）
　　　　　致遠一路二段12巷1號
電　　話／(02) 8236031・8236033
傳　　眞／(02) 8272069
郵政劃撥／0166955－1
登 記 證／局版臺業字第2171號

承 印 者／高星企業有限公司
裝　　訂／日新裝訂所
排 版 者／千賓電腦打字有限公司
電　　話／（02）8836052

初　　版／1995年（民84年）5月

定　　價／160元